Etude de Psychosociologie

PARASITISME

PARADYNAMISME

PARAMORPHISME

sociologiques

PAR

RAOUL DE LA GRASSERIE

Lauréat de l'Institut de France.

PARIS

LIBRAIRIE FÉLIX ALCAN

MAISONS FÉLIX ALCAN ET GUILLAUMIN RÉUNIES

108, BOULEVARD SAINT-GERMAIN, 108

PARASITISME
PARADYNAMISME
PARAMORPHISME
sociologiques

Etude de Psychosociologie

PARASITISME
PARADYNAMISME
PARAMORPHISME
sociologiques

PAR

RAOUL DE LA GRASSERIE

Lauréat de l'Institut de France.

PARIS

LIBRAIRIE FÉLIX ALCAN

MAISONS FÉLIX ALCAN ET GUILLAUMIN RÉUNIES

108, BOULEVARD SAINT-GERMAIN, 108

1911

Parasitisme, paramorphisme et paradynamisme sociologiques

Le parasitisme est un phénomène tant de la nature que de la société ; dans ces deux domaines il est très général, d'une extrème importance et produit des effets, quelquefois utiles, le plus souvent désastreux ; il importe, par conséquent, de l'étudier, tant au point de vue scientifique où il est fort curieux, qu'au point de vue pratique, où il est bon de l'apercevoir pour le combattre. Dans le domaine de la nature, il a fait l'objet d'études fort complètes ; on peut citer tout de suite l'excellent traité de Laloy ; il en est autrement dans le domaine social, où il n'a été envisagé qu'en passant et dans le but de faire valoir certaines doctrines, plutôt qu'en théorie. Cependant là il ne mérite pas moins d'attention. Il faut d'ailleurs que le parasitisme naturel et le parasitisme social soient tenus en perpétuel parallèle, car ils ont entre eux une parfaite ressemblance et opèrent synchroniquement, si bien qu'à chaque manifestation de l'un on en peut comparer une de l'autre et arriver à l'identité. D'ailleurs, ce n'est pas la première fois que nous constatons cette coïncidence singulière entre le monde moral et le monde physique, on dirait que le premier est calqué sur le second, point pour point, malgré la différence profonde de ces deux mondes ; un phénomène intellectuel répond exactement à un phénomène physique, a les mèmes causes, ·s mèmes conditions et des effets de même genre, on peut ·r même des conséquences pratiques de ces ressemblan- ; sans doute, elles font défaut quelquefois, et il ne faut ..s chercher par des efforts à combler les lacunes, car on fausserait ainsi l'analogie générale, mais ces quelques exceptions ne font que confirmer la règle. Nulle part cette

1

correspondance n'apparaît mieux qu'ici, on dirait que le parasite social a pris volontairement pour modèle le parasite organique. Il n'en est rien cependant, mais l'instinctif est quelquefois si net et si décidé qu'il semble avoir été voulu. La présente étude ne comprendra que le parasitisme social, précisément parce que l'autre a été assez élaboré pour qu'il n'y ait plus rien d'essentiel à dire, mais pour la clarté nous exposerons pourtant d'abord ce qui concerne l'autre, et nous y aurons recours ensuite pour les comparaisons utiles.

Le parasitisme est un terme général et spécial à la fois, qui ne désigne pas dans l'une de ses acceptions un seul phénomène, mais une série de phénomènes reliés entre eux par une certaine analogie. Dans son étymologie il signifie : l'action de prendre sa nourriture : *sitos*, aux dépens d'un autre ; or, nous verrons que *lato sensu*, il comprend l'action de prendre aussi aux dépens d'un autre tout autre chose que la nourriture. C'est donc un terme que nous rectifierons bientôt dans sa généralité. Prenons-le d'abord tel qu'il est usité.

Il existe une vaste série d'actions dans la nature et la société qui ont pour but et pour effet de se nourrir et de se développer, de se fortifier, de se défendre, soit aux dépens d'un autre, soit de concert avec un autre, et dans l'intérêt mutuel, soit en association intime avec lui. Ces actions se succèdent d'ailleurs dans un ordre chronologique. Le premier acte consiste, dans le règne de la nature, à dévorer autrui ou à le détruire d'autre manière, de façon à n'en rien laisser qui puisse continuer à vivre.

C'est le prédatisme que l'on pourrait appeler l'holophagie.

Mais souvent on trouve plus d'avantage à ne pas l'absorber aussi entièrement, mais à le dévorer dans ses parties non essentielles, pour qu'il puisse continuer de vivre et de nous fournir périodiquement des aliments. Dans le premier cas, nous tuons la vache pour en manger la chair, dans le second, nous la conservons, pour que tous les jours elle nous fournisse du lait. Nous passons du prédatisme au parasitisme, nous nous nourrissons au dépens de la vache. Nous pouvons pratiquer envers elle les deux successivement, car nous buvons son lait en parasites, mais plus tard nous l'abattons et nous nous en nourrissons en prédateurs. Jusqu'ici nous avons agi dans notre intérêt

unique, mais nous pouvons aussi, en prenant notre nourriture aux dépens d'autrui, admettre qu'autrui prenne la
sienne à nos dépens ; le parasitisme se change alors en mutuellisme. Par exemple, c'est le cultivateur qui nourrit et
soigne sa vache pendant toute la vie de celle-ci, et c'est
pour ainsi dire, en échange qu'elle lui donne son lait et ses
autres produits, il existe déjà comme une société entre elle
et l'homme. On peut aller plus loin dans cette voie, on
aboutit alors à la symbiose, il y a dans le règne animal
inférieur les coralliaires, par exemple, qui ont des organes
communs à tous.

Il est donc, pour ainsi dire, impossible dans la nature de
vivre sans faire un tort quelconque à autrui, c'est-à-dire
sans attaquer la substance de quelque autre être et profiter
de ses produits, et ce résultat égoïste et nuisible ne peut
être corrigé au cours de l'évolution qu'en lui procurant des
avantages compensateurs par le mutuellisme. Cependant
parfois, vivre aux dépens de certains produits dont il importe de débarrasser ainsi, ne fait aucun tort, c'est ce qu'on
a observé pour les animaux nécrophages et coprophages et
pour les végétaux saprophytes qui se nourrissent de
détritus dangereux.

D'autres fois, le parasite s'assied à la table du parasité,
il dévore les miettes qui tombent de cette table, ou bien il
se tient sur le passage de la nourriture qu'on sert et la
capte, avant qu'elle soit parvenue au parasité, c'est le commensal.

Cette série a suivi dans l'évolution l'ordre dans lequel
nous l'avons décrite. L'homme a été d'abord le prédateur.
Il a fait périr le vaincu ou lui a pris tout ce que celui-ci
possédait, sans lui rien laisser. Plus tard, il l'a conservé pour
en faire son esclave, et en tirer des services sans compensation, ou il l'a laissé libre, mais en a fait un tributaire.
C'est le prédatisme suivi du parasitisme. Plus tard encore
il a affranchi l'esclave et l'a salarié, c'est le mutuellisme.

Un point culminant existe dans cette sériation, ou du
moins, c'est celui qui doit être étudié à part sous le nom
de parasitisme. Il s'agit non de prendre et de dévorer une
proie, acte simple qui ne mérite pas une étude physiolo-
gique ou psychologique spéciale : la prédation, non de s'entendre avec autrui pour travailler dans un intérêt réciproque, ce qui est la situation normale : l'association, mais bien

d'un acte anormal, nuisible en thèse et curieux, celui qui consiste à conserver un autre être en notre puissance, et au lieu de le dévorer, ce que nous pourrions, à l'entretenir, à l'épargner jusqu'à un certain point, à ne lui prendre que ce qu'il peut donner sans périr, à n'attaquer aucun de ses organes essentiels. Voilà ce que peut faire l'homme avec ses calculs intéressés, voilà aussi ce que sait faire l'animal ou la plante avec son instinct. Dès qu'on s'attaque aux organes essentiels du parasité, le parasitisme se change en prédatisme. Certains animaux sont doués d'un instinct merveilleux pour l'éviter. C'est là le point essentiel, la caractéristique du parasitisme. Le maître épargne la vie de son esclave dans son propre intérêt, comme celle de son cheval, sans aucun sentiment d'humanité, et sans lui accorder nul bien-être, ce qui serait un commencement de mutuellisme.

Nous proposons pour le prédatisme et le mutuellisme, sis aux deux extrémités les noms d'holophagie et de synallélisme.

Mais le parasitisme n'est pas le seul phénomène de ce genre, sis entre l'holophagisme et le synallélisme qui ait été relevé dans le monde de la nature et dans le monde social. Il en est deux autres qui ont été réunis synoptiquement, peut-être par un lien un peu artificiel, mais déjà consacré et que nous ne voulons pas disjoindre.

On peut obtenir un avantage aux dépens d'autrui sans compensation pour celui-ci, en d'autres termes, faire acte d'égoïsme absolu dans nos rapports avec lui, non seulement en lui prenant sa nourriture ou en nous nourissant de sa substance, mais en lui prenant de sa force, car alors, ou nous l'affaiblissons et nous lui faisons tort aussi à notre profit, ou nous nous fortifions sans rien lui payer pour cet avantage et alors nous lui imposons un service gratuit. Il y a là un parasitisme spécial. Il diffère cependant du premier en ce qu'il s'agit pas de nourriture, et aussi en ce que très souvent le parasite ne fait aucun tort au parasité; il s'agit, par exemple, d'une plante qui grimpe le long d'un arbre, mais sans y pomper sa nourriture. On nomme ce phénomène parasitisme de support. Il a été bien étudié dans la nature, mais à peine dans la société où nous lui trouverons cependant un extrême développement. Mais son nom est fort inexact. Nous proposons de l'appeler le paradynamisme (de *dynamis*, force) c'est, en effet, de la force qu'il est fait emprunt.

Enfin, on peut se procurer aux dépens d'autrui l'apparence, la forme, la couleur, qui ne nous appartiennent pas, et par cet emprunt, nous faire prendre pour celui qui possède naturellement cette couleur ou cette forme, et obtenir ainsi des avantages, peut-être à son détriment. Certains animaux, pour ne pas être vus de leurs ennemis, prennent la couleur du sol sur lequel ils reposent, ils sont ainsi confondus avec ce sol. Dans le monde physique, ce phénomène a pris le nom de mimétisme, dans le monde social, c'est l'hypocrisie dont le domaine est si vaste. La dénomination peut-être conservée, nous préférerions cependant celle de paramorphisme qui répondrait mieux aux deux autres.

La trilogie serait ainsi : 1° parasitisme, 2° paradynamisme (parasitisme de support), 3° paramorph   (mimétisme).

Tels sont les trois phénomènes analogues,   se tiennent par ce point qu'il y a une emprise partielle, c   .inue, forcée et gratuite, le plus souvent dommageable, faite par un être naturel et social sur un autre être.

Tant le parasitisme proprement dit que les deux points qui le terminent au deux extrémités, le prédatisme et le mutuellisme, constituent entre deux individus naturels une union involontaire le plus souvent, mais dans laquelle toujours l'un domine l'autre et ne lui laisse qu'une autonomie diminuée ou détruite, si bien qu'on pourrait dire qu'en effet l'un devient le principal et l'autre l'accessoire. En effet, dans le prédatisme, le prédatisé disparaît entièrement ; dans le mutuellisme, l'avantage recueilli par le parasite n'est qu'indirect et involontaire. En dehors se trouvent deux autres situations qui ne feront pas l'objet de notre étude, parce qu'il n'y a pas parasitisme, mais plutôt synsitisme. L'union entre les deux êtres devient volontaire ou involontaire, mais dans tous les cas, sur le pied de l'égalité. Elle se manifeste d'ailleurs sous deux formes tout à fait différentes. Par une anomalie apparente c'est la plus complète matériellement qui est la plus ancienne. Nous voulons parler de la société et de la symbiose.

L'association est située au point supérieur de l'évolution. Elle est absolument volontaire et conclue entre deux êtres qui trouvent qu'elle profite à tous les deux. Chacun y est sur le pied de l'égalité, faute de quoi elle serait léonine, ce qui la vicierait. Si elle est rencontrée dans la nature, elle l'est beaucoup plus encore dans l'humanité, plus fréquente à mesure que celle-ci progresse. D'ailleurs, les individus y restent distincts, il n'y a confusion que de leur travail et de leur volonté.

A l'autre extrémité se rencontre un autre genre d'union plus complète matériellement, mais peu ou point intellectuelle et volontaire. C'est celle de la symbiose, les êtres y sont tellement unis qu'ils n'ont d'organes distincts que pour certaines fonctions ; les autres s'accomplissent en commun. Nous verrons que cette apparition, quoiqu'exceptionnelle, est fréquente tant dans l'ordre naturel que dans l'ordre social. C'est une société instinctive, dont tous recueillent des avantages, et où chacun reste l'égal de l'autre. Nous n'en traiterons pas non plus, parce qu'il ne s'y trouve pas un principal et un accessoire,

Mais cet ensemble, cette trilogie de phénomènes n'a pas reçu encore de nom générique. On la désigne sous le nom de parasitisme, qui ensuite s'applique à un phénomène spécial. C'est une source d'imprécision. Nous proposons d'appeler l'ensemble des phénomènes du nom de *par-étérisme* (tout ce qui a lieu, sur autrui, aux dépens de celui-ci).

D'où le parétérisme, groupe de phénomènes comprenant : 1° le parasitisme, 2° le paradynamisme, 3° le paramorphisme. Ils formeront les trois divisions de notre étude.

Le parasitisme peut ouvrir des vues sur le prédatisme et sur le mutuellisme, mais ceux-ci ne seront pas l'objet direct de nos recherches. Cependant il faut noter tout de suite qu'il y a deux sortes de parasitisme : le complet et l'incomplet, et le second est beaucoup plus fréquent que le premier. Il est rare, au moins dans la société, que le parasite ne rende pas quelques services, tantôt insignifiants, tantôt se rapprochant fort du mutuellisme, il est rare aussi que le mutuelliste ne rende pas des services insuffisants. Dans les deux cas il y a parasitisme partiel, le parasitisme complet est exceptionnel dans une société très civilisée. Pratiquement et actuellement le parasitisme est surtout un abus.

Nous avons dit que nous chercherions dans le parétérisme naturel, les racines du parétérisme social. Mais n'ya-t-il pas entre les deux domaines des différences profondes dont il faudra tenir compte ?

On a retenu les suivantes : 1° dans la nature les phénomènes de ce genre se produisent entre des espèces différentes, tandis que chez nous entre individus de la même espèce, 2° dans la nature ils apparaissent entre espèces, et dans la société entre individus ; 3° les parasites humains ne sont pas considérés comme s'attaquant à un particulier, mais comme s'attaquant à la société entière ; 4° le parasitisme social ressemble bien au parasitisme naturel, mais à titre de simple comparaison et sans précision.

Nous croyons que ces assertions sont erronées. Le parasitisme avec le mutuellisme s'applique, en effet, non seulement entre hommes, mais d'hommes à animaux, d'hommes à végétaux, c'est-à-dire entre espèces différentes, la domestication du bétail en est la preuve ; ce qui est vrai, c'est que dans la nature il faut, en général, des espèces différentes. D'autre part, sans doute, dans la Société, le parasitisme s'exerce entre individus, mais on le voit apparaître aussi en bloc entre nations, par exemple, quand on impose un tribut. Il est inexact de dire que c'est toujours la société directement qui est victime, et que c'est à elle, par exemple, que nuit l'usurier, il nuit tout d'abord à celui qu'il dépouille et indirectement seulement à la société. Enfin la ressemblance, quant au parasitisme, entre la nature et la société n'est point vague, mais des plus précises, c'est même ce qui fait le vif intérêt de ce sujet sociologique. Seulement, certains effets qui se produisent dans l'un sont parfois absents dans l'autre, peut-être parce qu'on n'a pas su découvrir encore le point de correspondance.

I

Le paratérisme a pour première manifestation le parasitisme propre, borné, comme il a été dit, d'un côté par le prédalisme ou holophagie, de l'autre par la symbiose.

Avant de l'étudier dans la société, il est expédient de le décrire sommairement dans la nature.

Nous avons vu qu'il comprend le parasite et le commensal, mais il n'y a là que des variétés, il est difficile de les distinguer, il est parfois difficile aussi de distinguer le parasite du prédateur. Ainsi les moustiques sont des prédateurs, tandis que les puces qui subissent des regressions parasitaires sont des parasites. Le commensal, quand il ne vit que des déchets, rend alors service au parasité et devient ainsi un mutuelliste. Si le service est involontaire, on n'en est pas moins mutuelliste, c'est le cas dans la fécondation croisée où le parasité offre le nectar, tandis que l'insecte fécondateur fournit le pollen transporté d'ailleurs.

Le parasitisme est général dans la nature, chaque parasité a même d'ordinaire plusieurs parasites. En outre, un parasitisme se superpose à l'autre, en d'autres termes, il y a des *parasites de parasites*, on en profite même en culture pour détruire le premier au moyen du second, c'est l'hyperparasitisme.

Le même être végétal ou animal n'est pas parasite pendant toute sa vie, parfois seulement avant l'âge d'adulte, ou seulement après, dans le premier cas, il s'agit du *parasitisme larvaire*. Chez les plantes, l'effet dure toujours. Le phénomène est le même chez toutes les classes d'animaux.

Les résultats du parasitisme sont très importants. Il s'agit d'abord des effets sur le parasite. Celui-ci subit une regression, tirant sa nourriture du parasité et vivant sur lui, une partie de ses organes lui devient inutile, d'autres, au contraire, peuvent lui devenir nécessaires, les végétaux perdent leur chlorophylle, les feuilles qui les mettaient en contact avec l'air disparaissent, les racines dépérissent; au contraire, des crampons et des suçoirs apparaissent, les organes de locomotion et de préhension disparaissent chez les animaux, les organes internes, digestifs et circulatoires se réduisent. D'autre part, il y a hypertrophie d'autres organes, parfois de ceux de reproduction. Ne pouvant vivre que sur tel parasité, la chance que les œufs du parasite rencontreront un congénère devient très faible, il devra, par conséquent, produire beaucoup d'œufs.

Le parasité est modifié à son tour. Ainsi les insectes déterminent sur le parasité la formation de glandes où la plante emprisonne l'insecte. Le parasité pratique parfois l'autotomie, l'astérie, par exemple, retranche la partie envahie qui repousse plus tard. L'effet le plus curieux est la *castration parasitaire*, le mâle prend tous les caractères de la femelle, ses organes génitaux s'atrophient et son abdomen se replie comme pour abriter le parasite aussi exacte

ment qu'ils abritent les œufs chez la femelle, l'amour mater-
nel prend naissance chez le sujet qui agit ainsi. Que si la
castration atteint, au contraire, la femelle, elle prend tous les
instincts du mâle. Cette castration peut être directe ou indirecte ; elle est directe quand le parasite détruit les organes sexuels de son hôte, ou indirecte quand elle est produite
par ce qui n'est pas en rapport avec ces organes. On a
pensé que cette apparition des caractères du sexe opposé
serait une preuve de l'hermaphrodisme primitif. En effet,
chez certains animaux encore hermaphrodites, notamment
l'*Amphiura squamata*, la présence de divers parasites pro-
voque l'atrophie de l'ovaire, tandis que le testicule se développe.

C'est parmi les vers et les crustacés qu'on trouve le plus
grand nombre de parasites, il y en a beaucoup parmi les
insectes à l'état larvaire. Parmi les vertébrés, on n'en trouve
guère que chez les poissons.

Le parasitisme existe de végétal à végétal, de végétal à
animal, d'animal à végétal, d'animal à animal.

Souvent le parasité résiste au parasite. Les plantes emploient dans ce but divers moyens. Les unes distillent des
sucs amers, astringents, elles sont rarement attaquées. Les
plantes exotiques le sont vivement et périssent, celles du
pays se sont adaptées et il faut pour les atteindre des parasites importés, par exemple, l'oïdium pour la vigne.

Il y a là quelque chose d'analogue à la vaccination. D'autre part, les plantes sauvages résistent mieux que celles
cultivées, celles-ci perdent le bénéfice de leur sélection naturelle, il faut dans leur intérêt suspendre de temps à autre
l'action de l'homme, pour laisser la sélection s'accomplir.
Il en est de même pour les animaux. Un dernier moyen est
employé lorsqu'il y a lésion, la plante forme autour un tissu
presque imperméable, c'est le procédé de la cicatrisation.

Tous les parasités ne conviennent pas au parasite, il est
limité à quelques-uns. Le choix se fait tantôt par instinct
et mécaniquement, d'autres fois il est conscient, par exemple, chez les insectes.

Le parasite se fait souvent l'intermédiaire pour commu-
niquer une maladie. La peste a pour cause un parasite végétal, elle est transmise du rat à l'homme et réciproque-
ment par la puce. Il en est de même pour le choléra, la
fièvre jaune et la maladie du sommeil.

Souvent le parasité ne résiste pas au parasite et même il semble heureux de lui servir d'hôte et le protège, il crée une cavité de son corps où le parasite se loge, et quelquefois celui-ci prend la place des organes génitaux qui ont disparu.

Tel est l'ensemble du parasitisme dans le monde végétal et animal. Ces notions suffisent pour notre sujet qui est l'étude non de ce parasitisme, mais du parasitisme social. Il nous en fait connaître toute l'importance. Le parasitisme domine dans tous les êtres inférieurs et au dessus. Il est général, chaque parasité porte souvent plusieurs parasites, et même des parasites superposés l'un à l'autre dans l'hyperparasitisme. Ces parasites ont un effet désastreux non seulement pour le parasité, mais pour le parasite lui-même. Il en résulte une atrophie des membres dont l'usage n'est plus utile, et, en outre, pour le parasité un grand affaiblissement ; enfin, par là, le parasite inocule les maladies les plus dangereuses. Aussi le parasité résiste-t-il par des moyens dont l'un est analogue à la vaccination. Un des effets les plus singuliers du parasitisme, c'est de détruire l'hermaphrodisme primitif en atrophiant un des organes génitaux et en amplifiant l'autre.

Nous allons retrouver tous les points essentiels dans le parasitisme social.

Nous ne ferons pas de distinction entre le parasitisme total, c'est-à-dire le cas où l'on vit sur autrui, sans rien lui donner en échange, et le partiel où il y a seulement abus dans l'exercice du mutuellisme. Dans tous les cas il y a parasitisme suffisant. Quant au véritable mutuellisme, il est en dehors de notre cadre. Ne perdons pas de vue que ce qui distingue essentiellement le parasitisme du prédatisme, c'est qu'il est successif, s'accomplit jour par jour et se garde bien de détruire la substance du parasité.

Nous allons établir la liste des différents parasites avec leurs parasités aux diverses époques de l'évolution, nous rechercherons ensuite les effets du parasitisme et les moyens que la société ou l'individu emploient ou peuvent employer contre lui.

Suivant certains auteurs, figure en tête de cette liste la propriété, et elle y apparait d'une manière absolue, ce ne sont pas ses seuls abus ; c'est elle même dans son principe et toujours qui est ainsi classée. De même qu'elle constitue une usurpation sur l'indivision primitive, de même elle est toujours une injustice, constituant le propriétaire l'éternel parasite du travailleur, *éternel parasité.* C'est, disent-ils, celui-ci qui par son travail produit la richesse, et l'autre en jouit sans aucun travail, c'est le rôle du parasite.

Ce classement des propriétaires dans tous les cas parmi la classe des parasites, divisant ainsi le genre humain en deux catégories nettes, dont l'une parasite l'autre, peut être vraie dans l'un des systèmes économiques proposés, mais est inexact dans les autres.

Il est vrai dans le système collectiviste, celui qui nie la légitimité de la propriété et la considère, sans exception, comme une usurpation sur l'indivision nécessaire. A la société doivent appartenir toutes les matières du travail, tous ses instruments, tous ses produits. En conséquence, chacun n'a droit dans la répartition ultérieure que d'après son travail, et les oisifs, à moins qu'ils ne soient infirmes, n'ont droit à rien. D'après ces données, si, au lieu de n'avoir droit à rien, ils ont droit à tout, il y a là le contre-pied de la justice. Ce sont les plus parasitaires de tous, car ils sont les plus paresseux, et cependant ils jouissent davantage, ils ne laissent aux travailleurs les plus assidus que des bribes de bien-être.

Mais, si l'on se tient en dehors de la doctrine collectiviste, si l'on appartient à l'économie classique où la propriété est un droit sacré et intangible, ou même aux autres écoles socialistes, où elle n'est plus absolue, mais est cependant légitime, les conclusions deviennent tout autres. Le propriétaire n'est plus absolument et toujours un parasite et l'ouvrier un parasité ; il l'est quelquefois, assez souvent même en pratique, mais non plus en thèse, et nous le trouverons, en effet, tout à l'heure, parmi les parasites fréquents, mais ce n'est plus au même titre.

En effet, si le propriétaire est le maître légitime du capital qu'il possède et qui va former un instrument de travail nécessaire, il ne livre pas rien à l'ouvrier qui va travailler ce capital et lui faire produire des revenus, il lui remet ce sans quoi le travail de l'ouvrier serait infructueux, n'ayant pas sur quoi s'exercer. Il contribue ainsi à ce revenu. Le capital ne pourrait rien sans le travail, ni le travail sans le capital, il y a donc là non parasitisme, mais mutuellisme.

Sans doute, si, par le salaire infime, la plus grande partie du gain revient au capitaliste, il y aura bien parasitisme partiel et parfois presque total, mais ce sera en raison d'une circonstance particulière, ce ne sera plus en vertu d'un principe.

Il ne faut donc pas traiter tous les propriétaires en thèse comme des parasites, car on ne le peut qu'en se plaçant au sein d'une des écoles économiques, et nous ne pouvons faire dépendre nos observations sociologiques de l'adoption, préalable et avant discussion, d'une seule école.

Un autre groupe a été aussi compris en bloc et avec aussi peu de raison dans la classe parasite absolue, parce qu'aux yeux de certains ils sont réputés inutiles. Il s'agit du clergé et des communautés religieuses. Le raisonnement est simple, les personnes les composant ne rendent aucun service social et cependant leur subsistance est assurée, soit aux frais de l'Etat, soit aux frais de leurs coreligionnaires. Comme ils ne font aucun travail utile, et souvent même aucun travail (les religieux) et que cependant ils vivent, ce sont, dit-on, de vrais parasites. Ici, nous ferons une distinction, suivant qu'ils sont à la charge de l'Etat ou des particuliers. Dans ces cas différents, les uns considéreront qu'ils font tous, le clergé séculier du moins, un travail social utile, et en conséquence, les rétribueront aux frais de l'Etat, ce sont les régimes concordataires, dans ce cas, ils ne sont pas de vrais parasites, tant qu'on juge qu'il y a utilité, ou bien, dans l'évolution des idées, on estime ce travail inutile socialement, c'est le régime de la séparation de l'Eglise et de l'Etat, les salaires disparaissent. Le clergé séculier et régulier n'est plus alors qu'à la charge des coreligionnaires, et le parasitisme n'est plus social. Continue-t-il de subsister comme individuel ? Oui, pour les incroyants, non pour les croyants. Il n'y a donc point ici encore de parasitisme absolu, mais seulement suivant les circonstances, car on ne pourrait déduire le premier de l'adoption préalable de telle doctrine religieuse ou anti-religieuse. Il n'y a donc de parasitisme absolu que lorsque dans un pays où la quasi-universalité des citoyens ne pratique pas une religion, on met à leur charge le salaire des ministres de cette religion.

En ce qui concerne les communautés religieuses, il faut rappeler ici que, si l'on considère les rapports de leurs membres entre eux, il s'agit là d'un fait de symbiose que nous examinerons à part.

Enfin, un dernier groupe a été, à tort aussi, compris en bloc, parmi les parasites, quoique le parasitisme y soit extrêmement fréquent, c'est la classe des commerçants. On sait que les tendances collectivistes et même les coopératives tendent à supprimer le commerce, et ce n'est pas sans certaines raisons excellentes. Le commerce est, en effet, un intermédiaire onéreux, qui le devient davantage, lorsqu'il se double de spéculation et de jeu, et surtout de l'accaparement par les trusts. Ce sont de ces vices trop graves que découle l'accusation de parasitisme portée contre lui. Mais, tant qu'il subsiste et lorsque ces défauts disparaissent, on ne peut dire en thèse, que le commerçant est un parasite, car il fournit un travail, soit en transportant les denrées, soit en les détaillant, soit en les accommodant, il rend service aussi par les crédits accordés.

Donc, il faut écarter tout de suite ces parasitismes absosolus, qui ne le sont que d'après certaines doctrines seulement, et non d'après l'ensemble des doctrines ou des sentiments.

Le terrain ainsi déblayé, recherchons les principaux parasitismes sociaux, soit entiers, soit métissés de mutuellisme.

Le cas le plus antique et le plus répandu est celui de l'esclavage, là le parasitisme est absolu, sans trace de mutuellisme.

Il part du prédatisme. Le vainqueur s'empare du vaincu et peut le mettre à mort, il lui enlève aussi tous ses biens meubles et immeubles. Comme partout ailleurs, le prédatisme a précédé.

Plus tard, on laisse la vie au vaincu. *Servus* vient de *serratus*, disaient les jurisconsultes romains, mais ce n'est pas dans son intérêt. On le nourrit, il est vrai, mais c'est comme l'on graisse une machine, pour qu'elle continue de fonctionner, ce n'est pas du tout pour lui donner l'équivalent de son travail. On conserve sur lui le droit de vie et de mort ; si l'humanité plus tard tempère ce droit, ce n'est pas une humanité véritable, c'est celle qu'on a envers son bœuf ou son cheval, pour qu'il ne crève pas et ne nous cause pas ainsi une perte.

Bientôt cependant on s'aperçoit que l'esclave ne rend pas tout ce qu'il pourrait, et qu'il serait beaucoup plus avantageux si on l'intéressait et si on lui laissait une part de son gain, avec laquelle même il pourrait plus tard acheter son affranchissement. De là, l'idée du pécule. C'est un commencement de mutuellisme introduit dans le parasitisme. Cette institution se développera rapidement.

Plus tard, l'esclave devient un serf ; au lieu d'être attaché à la personne du maître, il l'est à la terre, à la glèbe. Il doit cultiver au profit du maître, mais il se nourrit sur le sol ; à sa mort, tout ce qu'il avait gagné revenait au maître. La part du mutuellisme était trop faible.

Enfin la domesticité succède. Comme l'esclave, le serviteur est attaché à la personne, il fait partie intégrante de la famille. Il est libre et peut quitter son maître, c'est là une différence essentielle. Mais le salaire qui dépasse la nourriture est insignifiant et ne lui permettra jamais de s'élever au-dessus de sa position. Ce n'est que dans ces derniers temps que la domesticité a pris une situation tout à fait autre. Elle est en train, non seulement de devenir entièrement indépendante, mais de prendre sa revanche. Le serviteur ne s'attache plus à la famille de son maître, n'y reste qu'un temps restreint, l'abandonne pour la moindre augmentation de salaire, stipule des prix élevés, s'égalise à lui, autant que possible, et exige une nourriture pareille à la sienne, mais ce qui est caractéristique, ne fournit qu'un travail non seulement modéré, mais souvent nul. Voici un cas d'interversion très curieux. L'esclave était autrefois un parasité ; le serviteur est devenu un parasite, puisqu'il se fait nourrir et payer, sans fournir souvent aucun travail sérieux.

L'esclave antique, qui a peu à peu disparu, a trouvé au commencement de l'ère moderne un équivalent dans le nègre. Ce nouvel esclavage a été aussi dur que l'ancien et même davantage, puisqu'il n'a pas connu l'introduction du pécule. Il n'y a pas un demi-siècle qu'il a été aboli aux États-Unis.

Le parasitisme de l'esclave a ceci de commun avec ceux de la nature qu'il a atrophié le parasité, au point de vue de la reproduction. La famille de l'esclave antique et celle du nègre n'existent pas juridiquement, les enfants ne se rattachent qu'à leur mère, les ménages sont brusquement séparés suivant le caprice du maître, et celui-ci vit à son gré en concubinage avec la femme esclave. Voilà donc un premier trouble très important. Mais il en résulte que les unions étant sans suite normale, loin d'être recherchées par l'esclave, sont évitées par lui, sa reproduction se trouve donc en quelque sorte arrêtée virtuellement.

La ressemblance avec le monde végétal n'est pas parfaite, puisque dans le monde la déformation consiste plutôt à détruire un des sexes chez l'hermaphrodite, ou à substituer un sexe à un autre, mais cependant l'effet est analogue et seulement plus complet.

Il l'est encore davantage et la déformation aboutissant à l'agamie devient physique dans des cas nombreux. Il y a toute une classe d'esclaves qui sont privés des organes reproducteurs ; ce sont les eunuques, ceux chargés surtout de surveiller le harem. Ici le parasitisme a produit ses effets les plus complets de déformation chez le parasité : la castration, comme dans le monde végétal. Il s'y joint même une déformation morale, en raison de l'interdépendance des facultés de l'homme. Cette situation a mélangé le caractère de l'eunuque d'éléments féminins, ce que nous avons déjà remarqué chez les plantes, et par conséquent d'infériorité ; de là, la ruse, la perfidie qu'on lui attribue d'ordinaire. On peut, du reste, l'observer dans l'histoire de l'Empire d'Orient où il apparaît fréquemment. Il y est souvent le favori, le ministre, y change parfois les dynasties. C'est certainement un esclave plus complet, puisqu'on l'a mutilé avant de le parasiter par ailleurs, et on peut le considérer comme le type parfait du parasité social.

Un résultat analogue se produisait jadis chez nous pour la domestique du sexe féminin. Elle renonçait très souvent d'avance au mariage et n'avait d'autre famille que celle de ses maîtres. Que les temps sont changés !

L'esclave par son origine est un parasité total qui se rattache à l'institution de la guerre. Mais cette institution néfaste a créé encore d'autres parasitismes.

Il est possible que la conquête n'ait pas été complète. On s'est contenté de faire chez le voisin des razzias, c'est ainsi que procèdent encore les tribus arabes. Cela constitue, non du parasitisme, mais de la prédation. Seulement, lorsqu'une fois on a fait reconnaître sa supériorité par la nation razziée, est-ce bien la peine de se déranger de nou-

veau, chaque fois qu'on aura besoin encore de ressources? Ne vaut-il pas mieux convenir tout de suite avec
cette nation, qu'elle vous apportera elle-même tous les ans
tel tribut? On ne lui enlève pas toutes ses ressources,
car ce serait les tarir. Tel est le cas des peuples tributaires.
Le prédatisme s'est changé en parasitisme. Ces peuples
étaient nombreux dans l'antiquité.

Dans notre ancien droit, l'étranger, l'aubain, avait une
position analogue. Pendant sa vie, on le laissait libre d'acquérir, de s'enrichir, mais à sa mort, tous ses biens, sous
le nom d'aubaine, appartenaient à l'Etat. Il en était de
même du bâtard. Il faut noter là un parasitisme s'exerçant
d'une seule fois et non périodiquement. On laisse grossir
la proie avant de s'en emparer. La situation était la même
pour les Juifs dont on confisquait de temps en temps les
biens. C'était du prédatisme différé, mais celui-ci est une
des formes du parasitisme.

Un autre cas très remarquable de parasitime social,
après celui de l'esclave, c'est celui de la femme, il présente cette particularité, que, si la femme est parasitée en
principe et dans sa situation la plus normale, elle est aussi
souvent parasite. Il y a donc là un exemple de parasitisme
alternant.

Chez les sauvages la femme est parasitée, elle l'est même
avec férocité. Si le mari lui fournit sa nourriture, c'est le
moins possible, pour qu'elle ne meure pas, et il la charge
des plus durs travaux qui chez nous sont réservés pour
l'homme, de telle sorte que la vie de la femme n'est qu'un
long martyre. Elle fournit en outre les enfants, les soigne,
les allaite sans compensation.

Chez les peuples civilisés de l'Orient, elle est enfermée
dans un harem, on lui procure la nourriture et elle ne fournit aucun travail, au moins, dans les hautes classes, elle est
entourée d'esclaves et d'eunuques. Dans cette situation
toute différente, c'est la femme qui est parasite et l'homme
polygame qui est parasité.

Plus tard et en Occident, la femme sort du harem et
même du gynécée, elle est plus libre, mais ne devient pas
mutuelliste, elle ne l'est jamais, c'est ce qui fait sa position
spéciale, elle est toujours parasite ou parasitée; pour savoir
lequel, il faut diviser en trois classes : 1° la femme riche,
2° la femme pauvre, 3° la femme prostituée.

La première ne produit aucun travail, a souvent peu d'enfants, et lorsqu'elle en a, elle se décharge de tous soins sur des serviteurs, elle exige de son mari un entretien complet et luxueux, de riches toilettes et un confort de toutes sortes qu'il doit fournir suivant sa fortune et au-delà. Dans cette situation, c'est la femme qui est le parasite. Seulement elle a souvent fourni d'avance une somme de dot, qui doit suffire en tout ou en partie. Si elle l'a fait, c'est tout autre chose, c'est elle qui s'entretient elle-même.

Bien plus, c'est elle qui entretient son mari, celui-ci peut se dispenser de travailler, dans ce cas tout change, c'est le mari qui est le parasite. Il l'est souvent en France, où c'est l'usage de doter la femme.

Si, au contraire, la femme de condition moyenne n'apporte pas de dot et travaille, c'est alors le mutuellisme qui domine, chacun des époux contribue. C'est le cas en Angleterre.

La femme pauvre dans nos civilisations, lorsqu'elle est mariée et que son mari est de condition normale, contribue aux charges du mariage par les soins du ménage et l'éducation des enfants, tandis que le mari apporte le produit de son travail, alors il y a mutuellisme entre eux. Mais si la conduite de celui-ci est mauvaise, non seulement il n'apporte qu'un gain insignifiant, mais il dévore souvent même le gain personnel de la femme qui le fait vivre, ainsi que les enfants ; dans ce cas, la femme est cruellement parasitée. Quant à la célibataire, elle vit difficilement de son travail, parce que ce travail est peu payé, hors de proportion avec le profit qu'en retire l'entrepreneur, cette fois encore la femme est parasitée.

Enfin vient la dernière, la femme prostituée à divers degrés. Celle-ci vit en parasite sur l'homme. Sans doute, on peut prétendre qu'il y a là un mutuellisme, au moins embryonnaire, puisqu'il y a échange de services. Sans doute, mais ces services sont de ceux qui doivent rester gratuits, ou autrement ils prennent un caractère anormal et immoral, même pour ceux dont les idées sont les plus relâchées. Ce parasitisme est un de ceux qui ressemblent le plus au parasitisme dans la nature. Non seulement on le constate dans son intégralité, mais il s'exagère jusqu'à dévorer le parasité. On sait que beaucoup de prostituées ne se conten-

2

tent pas de vivre aux dépens de leur amant, mais qu'elles ont une tendance à le ruiner, non seulement pour en profiter, mais, pour ainsi dire, pour l'amour de l'art, et que comme la *Nana*, de Zola, elles exercent une sorte de vengeance de sexe et de classe sur l'individu d'un autre sexe et d'une autre classe qu'elles veulent dépouiller. Elles ne lâchent pas leurs victimes, jusqu'à ce que celles-ci soient entièrement affaiblies et dégradées.

On voit donc que, dans l'évolution historique, suivant les temps et les pays, la femme est tantôt parasite et tantôt parasitée.

L'avenir semble vouloir modifier ces principes, et grâce au féminisme montant, établir entre l'homme et la femme en union sexuelle, le mutuellisme, c'est-à-dire les services réciproques et équivalents, ce qui serait l'accomplissement d'une justice sociale.

Mais, à présent, sauf l'état primitif et rudimentaire où l'homme est le parasite et la femme la parasitée, état qui se retrouve aujourd'hui dans les bas-fonds des classes pauvres, sauf l'état de l'avenir qui se prépare où il n'y aura plus entre eux ni parasite, ni parasité, mais deux mutuellistes, c'est en général, surtout dans les classes aisées, mais moyennes, la femme qui est le parasite et l'homme le parasité.

C'est aussi l'état le plus naturel, sauf le mutuellisme qui est meilleur. En effet, l'homme possède la force musculaire et le travail est pour lui plus fructueux et plus facile, la femme a des fonctions spéciales où nul ne peut la remplacer, notamment celles de la maternité et de ses conséquences qui lui suffisent, et n'apportent pas la nourriture. Il est donc juste que la femme vive sur l'homme, qu'elle soit son parasite social, et cela pour des motifs divers, que leur union soit légitime ou illégitime.

Quelquefois cependant l'homme vit sur la femme, le parasitisme est renversé, mais c'est alors que la situation est réellement immorale. Elle l'est dès les temps antiques où chez les sauvages c'est la femme qui est livrée aux plus durs travaux par son seigneur et maître lequel ne travaille pas. Cet état anormal se reproduit plus tard dans certains compartiments de nos civilisations, survivances de la barbarie. C'est ainsi que le souteneur vit sur la femme qu'il appelle du nom expressif de marmite, c'est ainsi que dans la bourgeoisie même, quand il s'agit du ménage à trois, le mari vit sur la femme, laquelle vit sur son amant. Cela nous fournit en même temps un exemple analogue à celui de l'hyperparasitisme du règne végétal où un second parasitisme se superpose au premier. Ce renversement du parasitisme est certainement le plus odieux de tous.

Comme dans le monde organique observons que, loin d'être repoussé par le parasite, le parasitisme social, quand il s'agit des rapports entre l'homme et la femme, est souvent bien reçu par le parasité. C'est ainsi que la femme mariée abandonne volontiers son indépendance et accepte l'infériorité, à condition que le mari lui procure le plus de luxe possible, et le mari parasité ne lui fait pas de reproche de ne se livrer à aucun travail, il y a, au contraire, émulation de luxe entre les différents ménages. Parasite et parasité sont alors contents. De même, l'amant d'une femme légère se fait parasiter volontiers, et même si elle l'exploite jusqu'à l'entôlement, il ne se plaint pas toujours. De même encore, dans le parasitisme inverse, le mari qui vit aux dépens de la mauvaise conduite de sa femme et qui est un parasite de parasite est, dit-on, le plus heureux des trois.

L'enfant est un autre membre de la famille qui est aussi tantôt parasite, tantôt parasité.

Il est d'abord et surtout parasite et ne devient parasité que plus tard et anormalement. Cependant dans les premières années il a toujours été et restera toujours parasite. En effet, on lui fournit la nourriture, les soins et il ne peut rien donner en retour. Lorsqu'il a franchi l'enfance et qu'il est en état de travailler et de gagner, il faut distinguer les diverses époques et les différentes classes.

A l'origine, lorsque le père a sur sa femme, ses enfants, ses esclaves, un pouvoir absolu, comme à Rome, le fils tient la condition de l'esclave, tout ce qu'il gagne appartient au père, lequel, à n'importe quel âge, ne lui doit aucun salaire, mais seulement la nourriture, sans aucun minimum de bien-être. Alors c'est le fils qui est entièrement parasité. Plus tard, pour qu'il travaille plus activement, on lui laisse seulement, comme à l'esclave, un pécule ; désormais le parasitisme se teinte de mutuellisme.

Mais ailleurs l'enfant n'a plus rien de commun avec l'esclave, il est toujours autonome, le pouvoir paternel ne dépasse pas la majorité, et s'il est en tutelle, c'est dans son intérêt. En droit, l'enfant n'est donc plus parasité, Il est plutôt parasite, car le père l'instruit, lui donne une position, une dot, à ses frais, l'entretient pendant longtemps et plus tard ne lui demande rien en retour.

Il en est ainsi dans les classes riches ou aisées, mais non dans les classes populaires. Là, l'enfant, parasite tant qu'il n'est pas élevé, devient ensuite parasité. Les parents le font travailler à leur profit, et s'ils l'envoient chez d'autres, prélèvent une partie de ses gains. Ce n'est pas tout, ils espèrent que, lorsqu'ils seront vieux et incapables de travailler l'enfant viendra à leur aide, ce qui touche au mutuellisme.

Mais où il n'y a plus de mutuellisme du tout, mais un parasitisme total de la part de l'enfant, c'est dans une situation qui se produit assez souvent, quoique anormale. C'est celle du fils prodigue. Certains enfants, sachant que leurs parents sont riches ou aisés, ou occupent une place importante, refusent de travailler et veulent vivre à leurs dépens. Ils mènent une vie de bohème, dépensant sans compter. Lorsque le père refuse enfin de payer, ils l'y contraignent, en commettant quelque crime ou quelque délit, faux ou escroquerie, qui le force encore une fois à l'intervention. Le fils prodigue ou coupable est donc un des parasites les plus actifs qui soient dans la nature et dans la société, et les parents alors, les plus malheureux des parasités ; d'autant plus que jusqu'à présent la société ne leur fournit aucun remède.

La famille pour l'agriculteur ne se compose pas seulement de la femme, des enfants, des serviteurs, mais aussi des animaux domestiques qui collaborent. Il leur fournit l'entretien, et eux, leurs divers services, travail et produits. Dans cette situation, il y a entre eux mutuellisme; mais il n'en est pas toujours ainsi. Souvent le maître ne les nourrit qu'autant qu'il est nécessaire pour qu'ils restent en vie ; il les accable de coups, les fait travailler au-delà de leurs forces, il y a alors simplement parasitisme. Le maître les parasite, ainsi que sa femme et ses enfants. C'est le parasite familial de tous points.

Les diverses professions contiennent aussi beaucoup de parasites, en principe, non pas, car la plupart des professions rendent des services réels, mais elles sont souvent trop payées pour les services qu'elles rendent, et l'excédent est alors parasitaire, ou quelques-uns des services à peu près nuls, ou le même est chargé de nombreuses fonctions qu'il ne peut ainsi bien remplir et dont l'ensemble est payé trop cher, ou enfin le travail y est nul ou à résultat immoral. Dans tous ces cas, il y a parasitisme total ou partiel.

C'est à propos des fonctionnaires qu'il a été question, le plus souvent de parasitisme, l'opinion s'est émue et on a fait une véritable guerre au fonctionnarisme. Différents motifs extrinsèques au parasitisme ont aidé à cette sorte de révolte. Les fonctions, même celles utiles, au lieu d'être confiées à des gens capables, le sont à des incapables, c'est la faveur qui les donne, et non une sélection normale, ceux qui en sont investis sont remplis de morgue envers le public, enfin ils ont souvent des opinions politiques contraires à celles du pays, ce qui les rend hétérogènes, de là surtout l'antipathie. En France, par exemple, ils sont légion, tous les jours on en augmente le nombre pour caser quelque favori. De plus, les places subalternes ne sont rémunérées que proportionnellement au travail et assez seulement pour permettre de vivre, mais il n'en est pas de même des postes élevés. Sous prétexte de la condition de représenter dignement, condition qui n'est même pas remplie, on donne un traitement triple, au moins, de ce qui serait mérité, et cela aux dépens de l'Etat, c'est-à-dire de tout le monde. Ces plaintes sont justes en principe, pourvu qu'elles ne soient pas exagérées. On devrait supprimer les gros traitements et les postes inutiles, car ceux qui les occupent sont bien des parasites. Ce parasitisme était plus grand encore sous l'ancien régime. On a souvent cité, notamment Taine, les fonctionnaires de la Cour de Versailles sous Louis XIV, l'intendant des chasses touchant 18.000 fr. de rentes pour donner sa signature deux fois par an, le garde du lit de la reine, touchant 12.000 fr. et les deux porte-chaise du roi, chacun 20.000 livres par an. Mais aujourd'hui, quoique le parasitisme soit moindre, il est cependant réel. Sans doute, les traitements des députés et des sénateurs étaient trop faibles, et on ne peut leur faire un grief de les avoir augmentés, mais seulement de la procédure qu'ils ont employée pour y parvenir, au contraire, les traitements des présidents du Sénat et de la Chambre, de la Cour des Comptes, des membres de la Cour de cassation et des présidents de Cour d'appel, des ambassadeurs, des trésoriers-payeurs, des préfets, des résidents, des ministres, du président de la République sont beaucoup trop considérables pour le travail utile qu'ils fournissent. Ces traitements sont encore plus parasitaires en Angleterre où chaque président en touche un de 500 livres (37,500 francs). Malheureusement ce parasitisme a peu de chance d'être supprimé, car les gens puissants sont trop intéressés à le maintenir. Une autre branche de ce parasitisme existe dans le cumul de diverses fonctions, cumul, en général, interdit, mais qui existe par exception assez souvent ; le peuple a trouvé pour le flétrir le nom de cumulard. C'est qu'ayant beaucoup de peine à gagner son salaire, il s'indigne avec raison de voir jeter ainsi son propre argent. Seulement, il est injuste lorsqu'il attaque tous les fonctionnaires dont un grand nombre ne sont pas plus heureux que lui.

Parmi les fonctionnaires d'autrefois, il faut compter une classe spéciale, alors très répandue, celle des fonctionnaires terriens, autrement dit, des seigneurs féodaux avec toute leur hiérarchie. D'abord ce furent de simples officiers militaires qui furent pourvus d'un bénéfice en terre. Ce bénéfice devint perpétuel, mais ils étaient chargés d'un grand nombre de fonctions sociales et devaient le service militaire. A l'origine la féodalité vis-à-vis de l'Etat constitua donc un mutuellisme. Cette situation ne dura pas longtemps, le service devint hors de toute proportion avec le bénéfice, dès lors, le seigneur devint un parasite, caractère qui s'accentua de plus en plus. Ce fut bien pis à la chute de la féodalité, les débris de mutuellisme disparurent, le seigneur s'en alla demeurer à la Cour, il ne donna même plus sa présence, reçut des faveurs et des emplois, sans compensation d'aucun travail. Le seigneur courtisan fut donc le type le plus parfait des parasites.

Les simples professions, autres que les fonctions proprement dites, renferment aussi un certain nombre de parasites.

Il y en a tout d'abord qui sont parasites par définition, en ce sens qu'ils vivent sans travailler, profitant non précisément toujours du travail d'autrui, mais de ses vices. C'est ainsi que l'usurier vit de la prodigalité, quelquefois aussi de la pauvreté de son client, ou de son travail ultérieur, de celui qu'il faudra mettre en œuvre pour le rembourser, c'est le fils de famille qui est alors le parasité ordinaire.

Il faut remarquer que le parasitisme produit sur lui le même effet qu'ailleurs le parasitisme organique, il le déforme, le fait dégénérer et augmente ses vices. Les agioteurs sont dans le même cas, ils vivent sur l'épargne d'autrui. De même le proxénète sur ses vices, seulement alors il y a parasitismes superposés ; le sien repose sur celui de la femme vis-à-vis de son amant. Ces parasitismes sont odieux et réprimés quelquefois par la loi, on pourrait les appeler les parasitismes criminels.

Mais toutes les professions ont leurs cas de parasitisme. Nous avons cité plus haut celles ecclésiastiques et celles des commerçants, en déniant qu'elles soient des parasitismes absolus. Mais en fait, elles le deviennent souvent. Pour la première, même si elle n'est pas rétribuée par l'État et qu'elle le soit par des dons volontaires, il faut distinguer entre le clergé séculier et le clergé régulier.

Le premier rend de véritables services à ceux qui l'emploient et qui l'estiment indispensable ; comme chaque travail doit être payé, il n'y a point parasitisme à recevoir un salaire ni même à l'exiger, pourvu que ce salaire corresponde pour celui qui le paie au service rendu. Mais il en est autrement s'il y a sinécure, c'est-à-dire si certains des postes ne demandent aucun travail, ou si ce travail est estimé à un prix trop élevé. Cela est le cas ici comme ailleurs, lorsqu'il s'agit de postes d'évêques, de cardinaux ou lorsque le personnel est trop nombreux.

Le second ne rend point de services au public, sauf certains ordres de femmes hospitalières, infirmières ou éducatrices. Pour ceux-là il y a lieu d'appliquer les observations précédentes ; pour les autres, ils peuvent vivre sans parasitisme, pourvu que ce soit avec leur revenu ou leur travail, mais ils deviennent parasites, s'ils ont recours à la charité publique, car alors ils sont non travailleurs et vivent sur ceux qui travaillent. Mais ce qui s'applique à tous les ordres, on sait qu'ils accaparent volontiers la fortune de ceux qui en font partie, la captant par tous moyens, et que souvent ils vont au-delà, attirant par intrigues celle de personnes étrangères. Alors ils ne fournissent rien en retour que des flatteries ou des terreurs ou d'intéressées promesses d'outre-tombe et sont alors de dangereux parasites. D'autant plus que (et il y a encore ici analogie avec le parasitisme de la nature) ici le parasité se complaît dans le piège qui lui a été tendu et remercie son parasite.

Les institutions religieuses, lesquelles ne sont pas parasitiques en soi, sont donc cependant souvent remplies de parasites.

Il en est de même de la profession de commerçant. En thèse le commerce consiste à transmettre du producteur au consommateur moyennant le gain que mérite ce travail et le prix des risques qu'il comporte. C'est du pur mutuellisme. Mais il n'en est plus de même si le commerce prélève sur les consommateurs ou sur les producteurs, lesquels sont des travailleurs, un gain trop considérable, gain correspondant non seulement au travail, mais à la spéculation et au jeu et, en outre, à un bénéfice exagéré. Alors le commerce devient le pire des parasitismes, puisqu'il s'exerce sur la plus vaste échelle et aboutit à des valeurs immenses. Cependant il agit souvent ainsi, surtout dans les temps modernes, si bien qu'on a cherché le moyen de s'en passer par les coopératives de consommation et de production, qui ne sont pas encore très répandues et qui ont pour but direct de le faire disparaître. Il le ferait aussi par une organisation collectiviste.

Mais le commerce peut devenir parasitaire d'une façon monstrueuse, écrasant à l'intérieur de lui-même toute concurrence et vendant au consommateur un prix décuple de la valeur vraie. C'est le cas du trust. On sait comment il opère, faisant sur le marché la raréfaction préalable des marchandises et les vendant ensuite par petites quantités. Les consommateurs, qui sont en grande partie des travailleurs, sont alors entièrement parasités, les propriétaires le sont aussi, car on vivra de cette façon à leurs dépens sans leur donner une valeur adéquate en échange.

Le propriétaire, lorsqu'il devient actif, c'est-à-dire lorsqu'il emploie ses capitaux dans l'industrie, et entre ainsi en rapport, directement ou indirectement, avec le travailleur, peut devenir et devient souvent parasite, mais c'est alors un industriel. Il agit par lui-même ou par des intermédiaires, contre-maîtres et autres. Il peut le faire aussi en prenant seulement des actions et en laissant toute l'administration à d'autres. Dans tous ces cas, le capitaliste en principe est un mutuelliste vis-à-vis des ouvriers de l'usine, puisqu'il apporte un capital, sans lequel l'ouvrier ne pourrait travailler, mais il dégénère vite en parasite, lorsqu'il laisse à l'ouvrier seulement l'indispensable pour vivre, car ce dernier est alors vis-à-vis de lui, au point de vue économique, dans la situation de l'esclave. Il l'est encore plus s'il lui vend à des prix exagérés les choses nécessaires à la vie. La multiplicité des intermédiaires, des sous-traitants, empire encore la situation de l'ouvrier auquel on fait suer la production, suivant l'expression énergique du sweating-system. C'est le parasitisme de l'industriel capitaliste qui en ce moment attire le plus l'attention. Les gains énormes réalisés par le capital en sont la cause. Cependant les salaires se sont élevés et tendent à s'élever davantage ; dans certaines industries, ils menacent de dépasser le salaire juste et certains patrons se préparent à fermer leurs établissements. Un parasitisme en sens contraire pourrait succéder au premier; les capitalistes deviendraient à leur tour parasités et les ouvriers, leurs parasites en partie.

Le propriétaire proprement dit, celui qui n'est pas un industriel, est souvent devenu parasite, car on le devient de deux manières, en faisant payer trop cher l'usage du capital, en refusant de le fournir et en le laissant perdre. C'est de ces deux façons que son parasitisme s'est exercé. Il a, à maintes époques, prêté son argent à un taux trop élevé, empêchant le travail de prospérer, ou il a loué ses immeubles trop cher, il y a alors parasitisme partiel. Un autre plus dangereux consiste à posséder de trop vastes terrains, à ne pas les faire cultiver et à n'être même pas présent dans le pays. C'est le cas des latifundia si considérables en Italie, chez les Romains. Il en est de même en Irlande où règne l'absentéisme, et en Galles et en Angleterre, la moitié de ces deux pays était possédée seulement par 4,500 personnes, la moitié de l'Irlande par 744 et la moitié de l'Ecosse par 70.

Parmi les professions, il en est qui sont consacrées légalement en ce sens que ceux qui les exercent ont une capacité contrôlée par l'Etat et en même temps un monopole, ils sont même dans certains pays propriétaires de leurs charges. Ce sont à différents degrés des professions libérales qu'ils exercent. Il faut distinguer ceux dont la charge est vénale et ceux qui ont simplement un monopole résultant de leur capacité vérifiée.

Les premiers forment en France la classe nombreuse des officiers ministériels. Leurs honoraires répondent à des services rendus, et d'ailleurs sont limités par un tarif, lequel est appliqué individuellement par une taxe. Ce sont donc en principe des mutuellistes et non des parasites. Mais ils sont parasites dans certains cas. D'abord s'ils perçoivent des honoraires supérieurs au tarif, ce qui leur est souvent possible, par l'ignorance des clients ou par des conventions faites entre eux et leurs confrères. Ils sont poussés à ce parasitisme en raison du prix énorme auquel ils ont acheté leurs offices et qu'ils voudraient faire retomber sur leurs clients. Ce n'est pas tout, le législateur bien à tort leur a fait rédiger une foule d'actes inutiles, sous prétexte d'accorder une protection particulière à certaines personnes, mais une protection aussi coûteuse que vaine. C'est ainsi qu'en France, les ventes de biens de mineurs sont entourées d'une foule de formalités, tout à fait superflues, mais fort chères, et qui ne rapportent qu'à l'État et aux officiers ministériels, sans qu'aucun service soit rendu ; les mineurs sont alors les parasités. Enfin un autre parasitisme résulte de ce qu'on exige la présence de plusieurs de ces intermédiaires légaux, lorsqu'un seul suffirait, il y a alors hyperparasitisme, c'est ce qui a lieu toutes les fois que les fonctions d'avoué et d'avocat sont séparées, tandis que dans d'autres pays elles sont toujours réunies, ce qui diminue beaucoup les frais, sans nuire aux plaideurs. Toutes les fois que la vénalité des charges existe, le titulaire est vivement incité à émolumenter au-delà de toute mesure en raison du prix payé, et chacun sait que, quoique l'administration cherche dans un but de moralité à restreindre ce prix, la loi est éludée au moyen de contre-lettres, de sorte que cette vénalité, qui est aujourd'hui un véritable anachronisme, est une des causes les plus agissantes du parasitisme social.

D'autres professions, établies sans vénalité, forment cependant un monopole en raison des diplômes exigés et on ne saurait en thèse faire ici aucune critique, on ne peut, par exemple, admettre à exercer la médecine sans études. Mais cependant la profession de médecin ou d'avocat devient vite parasitaire, lorsqu'on exige sous le titre d'honoraires un salaire hors de toute proportion avec le service rendu.

Les intermédiaires non revêtus d'un caractère officiel, les agents d'affaires, par exemple, exercent le mutuellisme lorsqu'ils remplissent leurs fonctions en conscience, mais trop souvent ils agissent autrement, prennent des salaires trop élevés et rendent des services purement imaginaires, ils sont plus à redouter que les intermédiaires légaux, même avec les frais élevés de ceux-ci.

Il faut en rapprocher tous ceux qui sans être des intermédiaires exercent des professions qui n'en sont pas en réalité, puisqu'elles ne peuvent rendre aucun service, par exemple, les chiromanciennes, les personnes qui exercent l'art de guérir au moyen de la divination, et beaucoup d'autres qui exploitent la crédulité populaire.

Il faut ranger dans une autre classe rapprochée de la précédente, ceux qui n'en font pas profession toujours, mais qui cherchent à gagner par des moyens analogues et avec nuisance pour autrui, par exemple, les suivants :

Les brigands sont habituellement des prédateurs, mais ils deviennent des parasites, lorsque, pour s'abstenir de prédatiser, ils conviennent avec leurs victimes ordinaires que celles-ci seront indemnes si elles paient périodiquement une somme d'argent. C'est un procédé assez fréquent dans les régions où le brigandage est enraciné, par exemple, dans le Sud de l'Italie, c'est la *maffia*. Le brigand devient ainsi le parasite du citoyen paisible, il ne le pressure pas jusqu'à en dévorer la substance, car ainsi il se priverait d'une précieuse ressource. C'est le même système qu'emploient des peuples entiers, quand ils en rendent d'autres tributaires.

Le délit de chantage est l'un des plus redoutables. Vous vous êtes rendu maître d'un secret d'une personne, secret dont la divulgation compromettrait son honneur ou sa vie. Vous menacez de le révéler si on ne vous donne pas une certaine somme. C'est de la prédation. Mais on agit rarement ainsi. On devrait rendre alors l'écrit compromettant, on ne le fait point, et alors il vaut un titre de rente. De temps en temps on renouvelle sa menace, et on obtient une somme nouvelle. On pressure ainsi jusqu'à l'épuisement, mais de temps en temps on s'arrête, pour donner le temps à la victime de reprendre des forces. C'est le parasitisme criminel avec tous ses caractères.

En effet, ce qui distingue essentiellement le parasitisme

du prédatisme, c'est sa continuité et sa périodicité. Elles se retrouvent dans d'autres délits qu'on appelle des délits continus, par exemple, dans l'usure, L'usurier ne prélève point une somme une fois pour toutes, il y revient sans cesse, il renouvelle les billets et de temps en temps obtient une somme usuraire. Il en est de même du délit de fournitures aux armées de denrées avariées et nuisibles, il se renouvelle à chaque livraison, a lieu peu à peu et en détail, de même la vente à faux poids, où la nuisance est espacée sur un long espace de temps. Dans tous les cas, il n'y a point prédatisme, comme dans le vol ordinaire, mais parasitisme ; on vit sur autrui, sans fournir d'équivalent.

Le parasitisme politique est une catégorie importante. Il a de remarquable que le parasité d'hier devient souvent le parasite de demain. Cette interversion ne se voit pas dans la nature, où c'est toujours le même qui est parasite.

Au cours de l'histoire, ce sont les classes élevées qui sont les parasites des autres, et cruellement, elles prennent pour elles tous les avantages et ne leur laissent que de quoi rigoureusement exister, pour pouvoir continuer de travailler, elles n'ont d'autre sollicitude pour elles que celle qu'on a pour une machine qu'il faut huiler de temps en temps. « Se nourrir de la sueur du peuple » est une expression emphatique et d'assez mauvais goût, mais elle a été exacte. C'est ainsi qu'au moyen-âge l'aristocratie, sans se livrer à aucun travail autre que le travail guerrier, vivait sur les paysans réduits à la misère et qu'on ruinait encore davantage et sans aucun profit par la chasse. Le parasitisme était absolu et doublé de temps en temps de prédatisme. En outre, les fonctions dans la vie civile et dans l'armée étaient accaparées par la noblesse. Plus tard la bourgeoisie, devenue dominante depuis 1789, se rendit maîtresse exclusive du pouvoir par le régime électoral censitaire et la ploutocratie, et occupa toutes les places lucratives et honorifiques, les impôts par leur répartition furent payés surtout par les prolétaires et le service militaire acquitté par eux. Ce fut le parasitisme bourgeois, il a duré jusqu'à nos jours. Aujourd'hui, c'est le tour du peuple. Il a secoué le joug et demandé sa place et il a bien fait. Mais il est en train de dépasser cet équilibre, et à son tour voudrait exercer ce rôle de parasite dont il a tant souffert. Son mouvement se dessine de plus en plus. Dans beaucoup d'industries, il fait grève pour avoir un salaire plus rémunérateur, ce qui n'est que justice, mais à peine cet avantage obtenu, il ne pense qu'à obtenir toujours davantage, bientôt une seconde grève éclate, les conventions n'ont pas servi, même aucune convention durable n'est possible, chacune n'est qu'une étape, il exigera toujours du nouveau, jusqu'à ce qu'il réduise l'entrepreneur à ne gagner que juste ce qu'il faut pour continuer l'entreprise, il emploie contre lui le sweating system renversé. Nous avons déjà vu que le domestique, l'antique esclave, dicte souvent maintenant ses lois à son maître. C'est la revanche du peuple qui se traduit par son parasitisme. Quelquefois celui-ci augmente. Par exemple, les municipalités entreprennent des travaux publics, uniquement pour faire travailler les prolétaires. A certaines époques, on a créé des ateliers nationaux où l'on payait, presque sans exiger aucun travail. L'impôt progressif sur le revenu ou sur le capital dégrève les prolétaires en frappant les plus riches, et en augmentant cet impôt, il est possible qu'un jour les prolétaires vivent en parasites à leur tour sur les bourgeois. De même, par le jeu naturel du suffrage universel, la majorité mathématique est assurée au peuple. En un mot, le parasitisme politique existe toujours, mais il est retourné. Le riche ne vit plus de la sueur du peuple, mais le peuple vit de la graisse du riche. Dès aujourd'hui dans le contrat de travail, il en arrive à travailler fort peu et pendant un nombre d'heures réduit, tout en ayant le même salaire ; si ce système s'étend, il y aura déjà de la part de l'ouvrier sur l'employeur un parasitime restreint. Lorsque le peuple romain obtenait de l'empereur le *panem et circenses* classiques, il parasitait déjà l'État.

Le parasitisme politique présente un autre cas fort curieux, c'est celui du peuple, par ses meneurs, c'est, d'autre part, celui de la société entière par ses politiciens. Quant à ces derniers, nous renvoyons à notre monographie sur l'objectif et le subjectif dans la société. Nous y voyons le politicien vivre commodément en parasite sur l'ensemble social dont il suce l'essence vitale, ne pensant qu'à en tirer parti dans un sens égoïste, tandis qu'il simule le zèle dans l'intérêt commun. Il ne s'inquiète pas de la justice du parti qu'il soutient, c'est le moindre de ses soucis, dès lors rien ne le garantit ni ne garantit les autres contre ses palinodies. Nous voulons relever ici ce qui se passe pour son succédané, le meneur, qui ne s'adresse qu'à la foule, à la classe inférieure. Son rôle parasitaire est encore plus frappant. C'est lui qui se nourrit au propre, et non plus au figuré, du travail plébéien, et c'est là tout à fait un rôle de parasite. Il entre profondément dans les produits de ce travail et de l'angoisse des miséreux pour s'en sustenter, tout en étant prêt à le trahir ou à l'abandonner à la première occasion. Lui aussi connaît le sweating-system. Il n'a le plus souvent que ce labeur pour toute profession, profession lucrative, surtout s'il parvient à trahir, ce qui n'est pas rare, surtout lorsque la démocratie se discipline, car alors elle reçoit un mot d'ordre, et ce mot d'ordre peut être acheté par l'ennemi.

C'est la seconde branche du parasitisme politique, celle du meneur après celle du politicien.

Ceci nous conduit à la mendicité de la part des particuliers indigents s'exerçant sur les citoyens pris un à un. Cet acte est frappé comme un délit, quoiqu'il ne soit pas un délit véritable, il y a là une simple mesure de sécurité. Il ne s'agit pas du vagabondage, quoiqu'il soit connexe. Mais le vagabond est bien dans les conditions du parasite, il ne se livre à aucun travail et vit sur les autres travailleurs le plus souvent, ou sur les propriétaires, sans rien donner en échange. C'est un des parasites les plus caractérisés et qu'on peut exactement comparer à ceux du monde animal ou végétal, aux puces et autres insectes du même genre. Il faut noter que des peuples entiers sont mendiants en même temps que vagabonds, nous avons chez nous les Romanichels, Tsiganes, qui infestent les campagnes, mendiant d'un bout de l'Europe à l'autre.

Le parasitisme existe enfin en matière de science, de littérature et d'art, d'abord par le plagiat qui constitue l'infraction morale, par la contrefaçon, qui est l'infraction juridique, cette sorte d'imitation frauduleuse semble rentrer dans le mimétisme dont nous nous occuperons plus tard, mais il appartient bien à notre chapitre actuel, le plagiaire suce la sève de l'ouvrage comme font les parasites de la nature, et comme eux par petites quantités ; le contrefacteur est, au contraire, un prédateur.

D'une autre manière, dans une œuvre d'art, un roman, un livre de science on a vu souvent un auteur en renom avoir des collaborateurs ignorés qui travaillent pour lui moyennant un maigre salaire, et dont les productions valent souvent mieux que celles de l'auteur apparent. Quoiqu'il y ait convention et paiement, au point de vue littéraire, l'auteur en renom exploite les autres, vit sur eux en parasite. Il en est de même quand un savant s'approprie le travail et la science d'un autre que lui-même il ne possède pas, comme en France Buffon l'a fait aux dépens de Daubenton, d'autant qu'il y avait là une confiscation continue et en détail. Des procès célèbres sont venus dénoncer ce genre de parasitisme.

Enfin le parasitisme, en matière de science surtout, s'exerce d'une troisième façon. Les finances de l'Etat destinées à les encourager sont parasitées par les savants officiels qui en réservent le bénéfice pour eux et leur amis, et qui, loin d'encourager, comme c'est leur mission, découragent, au contraire, les vrais savants ou artistes, d'abord par une sorte de jalousie, puis pour favoriser leurs favoris ou leurs disciples.

Tels sont les principaux cas de pasasitisme social. Il y en a sans doute d'autres qui nous échappent, car les vices sociaux sont légion, et on ne peut toucher à l'un d'eux, sans soulever toute une poussière d'abus ; les uns ébranlés en font apercevoir toute une série d'autres, mais ce sont seulement des exemples que nous voulions fournir.

Il y a dans la société comme dans la nature des parasites de parasites. Voilà le député panamiste, par exemple, il était le parasite d'une grosse entreprise, mais il était à son tour souvent parasité par ses électeurs. De même, on peut avoir en même temps plusieurs parasites. Il suffit de citer le budget de l'Etat qui est criblé des morsures de parasites nombreux.

Quelle influence le parasitisme a-t-il sur le parasite, le parasité et les tiers ? Quels sont ses effets nocifs ?

Pour bien les comprendre il faut rappeler d'abord ceux qu'un tel parasitisme a dans la nature.

Il s'agit d'abord de ceux des plantes parasites des animaux et qui engendrent des maladies microbiennes. Ces parasites sont soit des microbes, soit des champignons, les deux pathogènes. Ils se reproduisent avec une extrême rapidité. Ils sont la cause de toutes ces maladies maintenant si connues, les pires ennemies de l'homme et qui sont restées longtemps invisibles et impalpables. Il existe aussi des animaux parasites des végétaux, et l'on sait les effets funestes causés sur la vigne par le phylloxera et sur l'ensemble des végétaux par les pucerons. Enfin des animaux parasites d'animaux y produisent les plus grands désordres, il suffit de citer le ténia avec ses générations alternatives et ses transmigrations, d'autant plus que les parasites sociaux leur ont souvent été comparés avec raison. Dans tous ces parasitismes se trouve une des causes les plus actives de destruction.

A côté du mal se rencontrent sans doute des remèdes difficiles, mais que les êtres de la nature attaqués appliquent parfois instinctivement. Ils consistent surtout en des réactions. C'est ainsi que le végétal résiste à l'attaque du parasite animal et les moyens sont divers : lignification des tissus, développement sur l'écorce pour empêcher les piqûres, d'épines, de rugosités, d'enduits collants, habitat dans l'eau, sur les murailles, croissance au sommet des arbres ou dans la terre, fruits souterrains ou géocarpie, cleistogamie, et surtout galles et cécidies, résultant de l'irritation pathologique causée par la piqûre de l'insecte; dans ce dernier cas, le végétal fait, pour ainsi dire, la part du feu. A leur tour, les animaux ont des moyens de défense contre les végétaux ; ils secrètent des humeurs nocives pour le parasite et servant ainsi d'antidote ; puis ils ont ou acquièrent l'immunité, cette acquisition est naturelle ou artificielle lorsque l'homme intervient, dans tous les cas elle résulte d'une vaccination par la maladie elle même.

Mais le parasitisme dans la nature ne donne pas seulement des maladies, il cause des déformations, notamment sexuelles, dont il a été question plus haut; il convertit, par exemple, l'hermaphrodisme primitif en unisexualité. Il peut même causer l'agamie. Nous rencontrerons un résultat analogue dans la société. Le parasitisme y déforme le parasite.

Le parasitisme dans la nature ne produit-il pas, par contre, des effets utiles ? On pourrait citer à cet égard le cas de la fécondation croisée par l'intermédiaire des insectes. En effet, ce résultat est fort utile à la plante. Mais il l'est aussi à l'insecte qui trouve ainsi à se nourrir de nectar. On n'est plus dans un cas de parasitisme, mais dans celui de mutuellisme, ce qui est fort différent. Le parasitisme proprement dit est toujours uniquement nocif pour

le parasité. Elle l'est même souvent, comme nous l'avons
vu, pour le parasite gavé qui se déforme rapidement.

Retrouvons-nous une influence analogue dans le parasitisme social ?

Pas entièrement, mais beaucoup plus qu'on le croirait au
premier abord, le parasité est tout à fait déformé, il suffit
de citer l'esclave qui devient forcément immoral et abruti.
Les effets sur les organes de reproduction se font sentir,
l'esclave est souvent rendu eunuque, même devenu simple
serviteur il se mariait rarement. Le parasite à son tour se
déforme; l'habitude de ne pas travailler lui en enlève la faculté. Chez certains peuples, la paresse du roi devient telle
qu'il faut le faire manger. Il devient efféminé, comme les
rois fainéants. Dans cet état, sa famille ou sa dynastie dégénère, et tellement que bientôt le pouvoir lui échappe pour
tomber à d'autres plus ardents. C'est ce qui arrive aux
moments de Révolutions de classes. Après avoir parasité
pendant de longs siècles, la noblesse française ne pouvait
plus vivre que de parasitisme, c'est ce qui fit sa faiblesse,
car le parasite, pour continuer son exercice lucratif, doit
pouvoir encore se mouvoir en dehors du parasité, autrement
il devient son prisonnier. Enfin les tiers, l'ensemble de la
société, souffre à son tour des effets produits. Le parasité
ne travaille plus utilement pour elle, une partie du résultat
de ce travail est détournée par le parasite ; il devient moins
libre et par conséquent, moins productif, le parasite devient
moins capable et fournit moins aussi. Le noble de château
devenu noble de cour ne rendait plus aucun service utile.
Le fonctionnaire sinécuriste ou à traitement très élevé ne
produit aucun profit à l'Etat, moins que celui parcimonieu-
sement payé, et en outre, les services qu'il rend sont plutôt
de pur espionnage, que si l'on trouve celui-ci utile, on pourrait se le procurer à meilleur compte et avec plus d'effet.
Une société qui contient trop de parasites doit se réformer
ou périr.

Les résultats du parasitisme sont donc détestables, mais
n'a-t-il pas quelques effets utiles qui contrebalancent les
autres, comme tous les phénomènes de la nature ou de la
société? Oui, transitoirement ou à certaines époques de
l'évolution. C'est ainsi que l'esclavage qui est le parasitisme
le plus absolu a pu servir à plusieurs reprises ; l'ancien a
permis au vainqueur de s'épargner à lui-même le travail

manuel et de se livrer au travail intellectuel, ayant le loisir nécessaire, et on lui doit aussi les premiers progrès de l'art et de la science; celui de l'ère moderne a permis aux colons qui n'auraient pu travailler eux-mêmes en raison de la température de pouvoir exploiter. Le commerce le plus parasitaire a été indispensable pour transporter des produits dont l'aléa exigeait de grands bénéfices. La femme, avec sa faiblesse musculaire, à une époque où il n'existait que des travaux de force, a dû vivre en parasite et cela a été un bienfait, lui permettant de se livrer à l'éducation des enfants. Si l'on eut alors d'un seul coup détruit le parasitisme, on aurait détruit la société, comme en arrachant le lierre, on abat la muraille.

Mais il n'en est pas de même aujourdhui et il ne reste plus du parasitisme que les effets nocifs.

Quels sont les remèdes qu'on peut employer contre lui? Comme contre tous les maux sociaux, les anodins qui réussissent parfois sur les particuliers, sont ici inopérants. Il en faut de violents, appliqués en bloc et qui ne vont pas sans causer des désastres particuliers analogues aux tremblements de terre et aux éruptions de volcan dans le règne de la nature, ce sont les révolutions. Sans elles, jamais les parasites ne consentiraient à lâcher les parasités On cite, il est vrai, la nuit du 4 août, où la noblesse renonça à ses privilèges, mais la Révolution était déjà commencée. Comme on détruit tous les insectes à la fois par une large fumigation, tous les parasites alors tombaient d'un seul coup. Malheureusement l'histoire démontre que quelques-uns échappent, se multiplient et que l'air en est de nouveau saturé. D'autres révolutions plus petites en délivrent. Mais il survient souvent des parasites d'une autre espèce. Le peuple veut à son tour vivre sans travailler et dans ce but s'installe sur la société en parasite nouveau. Ce parasitisme n'est pas plus juste que l'autre, mais il est plus coûteux. Il faut un temps très long et un certain nombre de catastrophes pour que le parasite social de toutes espèces renonce à se nourrir de son parasité.

II

La seconde manifestation du parhétérisme est le paradynamisme. Le principe est le même que celui du parasitisme, seulement ce n'est plus sa nourriture qu'on prend aux dépens d'un autre, c'est sa force qu'on divertit ou qu'on emprunte, le plus fréquemment d'ailleurs avec son consentement, nous avons vu que souvent le consentement du parasité existe, mais il est habituel ici. C'est ce qu'on appelle généralement le parasitisme de support, nous croyons que le nom de paradynamisme y répond plus exactement et écarte complètement l'idée de nourriture qui doit être absente.

Le paradynamisme (force à côté de) existe d'abord dans la nature où son rôle est sans doute moins important que celui du parasitisme, mais est fréquent et apparaît d'une façon très nette. Il s'en distingue en ce que la plante, par exemple, ne cherche et ne trouve sur ce qui lui sert de support aucune nourriture, se nourrit elle-même en puisant dans l'air et dans le sol, mais seulement s'élève à une grande hauteur, grâce à cet appui. Dans le monde animal le paradynamisant se fait transporter par le paradynamisé à de grandes distances sans aucune fatigue. Il y a dans tous ces cas non une prise de substance, mais une prise de force étrangère.

Parmi les plantes, les unes sont épiphytes, s'appliquant sur le paradynamisé, les autres s'y accrochent pour parvenir à la lumière, ce sont les plantes grimpantes et volubiles. Parmi les animaux, les uns demandent un abri et vivent entre les replis de leur soutien, s'y réfugient toutes les fois qu'apparaît un danger, d'autres se font ainsi voiturer sans frais. Le remora est très remarquable, c'est un petit poisson qui s'attache au flanc des requins, comme par une ventouse.

Ce n'est pas toujours le support ou la locomotion qui sont ainsi empruntés par un être à l'autre. C'est aussi dans le règne végétal l'ombre, cette autre sorte de protection, mais qui se teinte parfois de mutuellisme. Il y a des plantes solitaires et des plantes sociales ; celles-ci s'associent à certaines autres. Il y en a une, par exemple, de toujours associée au hêtre, le vaccinium myrtillus etc... Parmi les forêts beaucoup prospèrent mieux dans la lumière altérée des sous-bois, par exemple : le café et le cacao. C'est le végétal plus petit qui tire profit de la protection des grands arbres. On peut constater pourtant parfois un mutuellisme naissant. Les mousses profitent de l'ombre, mais entretiennent la fraîcheur du sol.

Dans le monde social, le paradynamisme a une plus grande importance encore que dans le monde de la nature. On peut de suite s'en rendre compte. L'homme, en effet, ne s'y trouve plus seulement en face d'un autre individu, mais en face de la société elle-même avec sa toute puissance qui le soutient à certains points de vue, il est vrai, mais qui, d'autre part, l'écrase par son poids et contre les inconvénients de laquelle il ne peut lutter sans secours. Dans son isolement il est extrêmement faible. Tous ceux qui ne le sont pas vont passer avant lui et il n'obtiendra aucun des avantages espérés. Les uns se seront réunis en plus ou moins grand nombre et par cette union auront obtenu une force qui les fera triompher. D'autres auront l'exercice du pouvoir social. D'autres ne l'ont pas, mais se seront accolés à ceux qui l'ont. Lui seul restera sans défense, non seulement contre la grande société, mais contre les partis enregimentés, contre les coteries de toutes sortes. Il aura beau avoir du talent, voire du génie, il restera désemparé. Il ne veut pas ou ne peut pas d'ailleurs affronter les grandes entreprises, il se tient modestement dans la vie privée, ressemble à ces plantes qui ne peuvent prospérer que dans l'ombre du sous-bois, ou à cette plante grimpante fragile et épiphyte qui cherche un appui pour parvenir à la lumière. Le trouvera-t-il ?

Oui, s'il cherche bien et s'il ne veut pas tenir toujours sa tige élevée et raide, mais la baisser le plus souvent et faire comme la plante qui s'enroule autour d'un appui.

Cet appui dans le monde social, c'est le patronage.

Tout d'abord il importe de ne pas confondre le patronage avec le patronat. Ce dernier terme a la signification des rapports de l'employeur avec l'employé. Il ne s'agit pas ici du contrat de travail, mais de rapport de protection. Patronage ou protection, c'est tout un. Nous emploierons quelquefois indifféremment l'un ou l'autre de ces termes. Le mot de protection est employé dans le langage courant pour désigner la faveur imméritée qui fait obtenir les emplois et les autres avantages sociaux.

Dans ces relations, les deux parties sont le patronant et le patroné, ou bien le protecteur et le protégé.

Dans toutes les branches de l'activité humaine, le besoin intense de cette protection se fait sentir, beaucoup plus même que le public ne le croit. Il voit les succès, les résultats et les attribue au talent même, aussi lui semble-t-il que la réussite vienne toute seule. Il ne soupçonne pas la part que la faveur a dans ce qu'il admire. Mais ceux qui ont échoué, et même quelques-uns de ceux qui ont réussi, le savent, ils ont tenu en mains les ficelles ; plus tard, il est vrai, ils tendent à l'oublier, car ils veulent se tromper eux-mêmes au milieu de leur propre apothéose. L'auteur pauvre trouve difficilement un éditeur, et s'il le rencontre, celui-ci devient son véritable protecteur. L'orateur qui la première fois veut faire une conférence, doit être présenté au public par une société ou par un parti. Le savant s'attache comme disciple à un autre savant renommé et officiel, il le suit quelque temps, comme son ombre, quelquefois comme son domestique, et pour récompense il aura plus tard un emploi. Il en est de même de celui qui s'attache à un homme politique. Autrefois, on était page avant d'être chevalier, et il fallait plaire à la châtelaine, sans blesser le châtelain. A toute période de l'histoire, l'homme est le même, il ne change pas de peau, mais seulement de langage. Que si, fier trop tôt, le jeune homme veut demeurer indépendant et ne recherche pas de protection, il lui reste à lutter durement contre le sort et, à de très rares exceptions près, il est vaincu. Pourquoi, d'ailleurs, un tel refus ? La situation n'a rien d'humiliant, car en cas de succès elle sera rétroactivement effacée. On ne lui demandera pas ses moyens qui, du reste, n'ont rien de criminel, et, il les avouerait, qu'on ne le croirait même pas.

D'ailleurs l'instinct de protection est naturel à l'homme. Il est la conséquence logique de sa condition misérable dans la nature et dans la société. Il a mille causes de fragilité : santé, famille, chagrins, vices, âge, pauvreté, défauts de toutes sortes. Il ne pourra lutter contre tout cela qu'en appelant au dehors un appui. L'enfant naissant cherche celui de ses parents, et le vieillard mourant se cramponne à ses enfants, et dans le cours de la vie il ne cesse

d'avoir à chaque instant besoin d'un plus fort que lui. En
vain voudrait-il s'en passer et se contenter, par exemple,
des organisations sociales régulières et des encourage-
ments anonymes, concours, examens, devant aboutir à
l'obtention de telle situation, ou à sa propre bonne conduite, celle-ci devant se terminer, par exemple, par un beau
mariage, la meilleure des professions, comme on l'a dit, il
s'aperçoit que c'est un leurre. A travers les fissures sociales, la faveur se glisse partout, si pénétrante et si subtile,
que souvent personne ne peut en voir la trace, elle s'infiltre
sous le nom anodin de recommandation. Il s'en aperçoit
enfin et tombe plus tard, au lieu de tomber plus tôt, et par
conséquent, avec moins d'avantage, sous sa domination
complète.

Nous allons parcourir les divers patronages : le religieux, le parental, l'ethnique, le dominical, le féodal, le
familial, le politique, le scientifique, littéraire ou artistique, le pénitentiaire, le psychologique.

Parmi tous ces patronages, il en est qui ressortent très
particulièrement, par exemple, le patronage familial, qui
porte le nom plus connu de népotisme et dont nous avons
fait la description dans une monographie.

Le plus ancien de tous est le patronage religieux. Il re-
monte aux temps tout à fait primitifs du totémisme. On sait
que chaque clan possédait son animal-totem, sous la protection duquel il se plaçait, le considérant comme son an-
cêtre. L'idée maîtresse d'un tel système était certainement une idée de protection, c'est pour cela et pour
récompenser des bienfaits qu'on s'abstenait d'immoler le
totem, sauf dans les sacrifices rituels. Ce n'était pas d'ailleurs tel animal, mais telle race d'animal *in abstracto* qui
était ainsi l'objet d'un culte. En outre, à l'imitation du totem
social de clan, chaque individu avait aussi son propre
totem. Voilà sans doute le plus ancien des patronages.

Chez beaucoup d'autres peuples il n'y avait pas de patron
social, mais des patrons individuels. Chez les Perses, dans
la mythologie chacun avait son ferouër ; chez les Grecs et les
Romains, chacun son bon Génie. Enfin le christianisme a
réalisé cette idée de deux manières. Chacun possède son
ange gardien, ce qui constitue une très poétique légende,
cet ange cherche à le ramener vers le bien, il se voile la
face quand son protégé devient criminel. D'autre part, le

nom d'un saint est donné à chaque enfant lors du baptême, et ce saint devient son patron. Il peut spécialement l'invoquer, lui demander son secours, comme si c'était un député ou un ministre, et le solliciter d'accorder des faveurs. Ce qui est remarquable, c'est que le nom du protecteur est donné au protégé. Il y a là une sorte d'adoption. C'est le patronage de l'au-delà, celui établi de la terre au ciel. Du reste, par la prière se trouvent organisées des sollicitations incessantes. On se plaint de celles interminables qui assaillent les pouvoirs terrestres ; celles adressées au ciel sont bien plus vives. Elles le sont d'autant plus que le principe de la grâce y règne, absolu dans certaines écoles, comme celle des jansénistes et des premiers protestants, très dominante chez les autres. La grâce y obscurcit parfois la justice elle-même.

On comprend que l'homme, non seulement mortel, mais si faible, ne puisse se tenir dans un état d'orgueilleuse raideur vis-à-vis de la divinité toute puissante, tant qu'il reste croyant ; aussi se prosterne-t-il devant elle de bonne heure, et il y prend l'habitude d'implorer la protection ensuite de tout supérieur.

Le patronage parental est l'adoption, surtout celle complète, pratiquée chez les Romains et les peuples anciens, qui assimilait entièrement l'adopté à l'enfant procréé. On distinguait l'adoption de l'adrogation. La première portant l'enfant d'un *pater familias* à l'autre, celui-ci avait toujours eu une protection, mais en changeant, il en acquérait en fait une plus forte. Dans le second cas, l'enfant qui avait été indépendant, mais faible, en devenant dépendant était mieux secouru. Il recherchait donc cette adoption, comme plus tard au moyen-âge on se mettait de soi-même sous la puissance du seigneur pour échapper aux ennemis et trouver de quoi vivre. L'adoption est donc une des formes de protection les plus puissantes. L'adopté qui était isolé peut-être va trouver une famille, il sera entretenu, deviendra héritier, prendra le nom, jouira de la position sociale, deviendra parent de tous les parents. Aussi cette situation était-elle des plus recherchées. Nous avons dans une étude indiqué toutes les variétés de l'adoption ; on y voit combien elles sont riches, et chez les peuples sauvages ou barbares elle se trouve tellement amplifiée, qu'on n'en a plus, semble-t-il, actuellement que des débris.

L'adoption n'est pas seulement individuelle. Elle a lieu aussi de clan à clan. Un clan adopte un individu, un prisonnier de guerre. On peut en rapprocher la légende qui sert de base à la *Fille du Régiment* où un enfant était adopté par un Régiment tout entier, et acquérait ainsi une puissante assistance collective.

Aussi doit-on rapprocher de l'adoption parentale l'adoption ethnique. Nous en avons cité un exemple en ce qui concerne le clan. Il y en a un autre parmi les civilisés, celui de la naturalisation individuelle ou de celle en masse par l'immigration. Dans les deux cas, les naturalisés ou les immigrés passent désormais sous la protection de la nation qui les reçoit, peuvent invoquer ses lois, ne sont plus isolés. S'ils sont venus d'ailleurs, c'est qu'ils ont pensé que leur patrie ne pouvait plus les faire vivre, ni les protéger suffisamment, au moins de ce côté. Ils ont changé d'arbre pour mieux s'accommoder, comme feraient les plantes grimpantes.

Le patronage dominical est celui qui était accordé à l'esclave, à la femme, au fils de famille, par le droit romain, tant qu'ils étaient en puissance, et aux mêmes pendant quelque temps au moins, s'ils sortaient de puissance. Seulement, tant que la puissance durait, il n'y avait pas patronage véritable, mais, au contraire, parasitisme du maître sur ses sujets. Après l'émancipation, le patronage commençait. L'affranchi était retenu par un lien. Il était protégé et obtenait par sa servilité toutes sortes de faveurs. Aujourd'hui, l'enfant est souvent favorisé par le père investi du pouvoir, mais au même titre que les autres parents, et nous trouverons plus loin ce cas dans le népotisme.

Le patronage féodal a été très important pendant une longue période. La hiérarchie elle-même, du supérieur au vassal, était un mode de protection, cependant teinté de mutuellisme, puisqu'il y avait des services réciproques. Mais l'idée de protection envers l'inférieur dominait. Elle s'étendait, lorsque le seigneur était débonnaire, jusqu'aux serfs. L'idée de protection entre seigneurs s'accrut encore dans la chevalerie ; les pages étaient momentanément adoptés.

Mais un patronage à la fois ancien et moderne et des plus importants, c'est le patronage familial, autrement dit, le népotisme. Il s'agit de favoriser ses parents au détriment de tous les autres en tout ce que la société peut donner. L'idée en est bien naturelle quand il s'agit d'un particulier, il poussera ses enfants ou ses parents sur la voie de la réussite, en sollicitant sans cesse, il n'a pas à se préoccuper des autres, qu'ils en fassent autant ! La situation est différente s'il a lui-même en mains le pouvoir, ou s'il connait quelqu'un qui l'ait et sur lequel il possède une influence déterminante. Là commence l'injustice et une injustice des plus graves.

Sans doute, le népotisme a toujours existé, mais il a apparu dans toute son intensité et avec un caractère spécial, conformément à son étymologie, sous la Rome papale au moyen-àge. Le mot ne vient pas en effet du latin : *nepos*, petit-fils, mais de l'italien : *nepote*, neveu. Ni la papauté, ni le clergé, avec leur célibat obligatoire, ne pouvaient favoriser leurs enfants légitimes, mais seulement leurs neveux. Aussi les neveux du pape étaient-ils tous pourvus, et leurs sollicitations étaient telles qu'on fut obligé de les chasser de Rome ; les fils naturels étaient avantagés par le même moyen. Le népotisme sacerdotal imita de suite le pontifical. Celui-ci avait été inauguré par le pape Sixte IV ; il donna à l'un de ses neveux, Pierre Riario, qui mourut bientôt de ses excès, le cardinalat de Saint-Sixte, l'archevêché de Florence et le patriarchat de Constantinople, et à un autre, Julien della Rovere, un grand nombre de bénéfices. Il nomma Jérôme Riario, duc d'Imola, et Jérôme de la Rovere, préfet de Rome. Il maria ses deux neveux laïques aux filles du duc Urbain et du roi de Naples. Plus tard, Léon X, de la famille des Médicis, fils de Laurent le Magnifique, donna à son frère Julien Parme et Plaisance, à Laurent, son neveu, Florence ; il essaya de pourvoir d'autres neveux aux dépens de Venise. Il s'occupa aussi de deux autres, Jules de Médicis et Hippolyte, fils naturels de Laurent et de Julien, et dans ce but s'efforça de dépouiller le duc d'Urbain. C'est ainsi qu'un des papes les plus illustres pratiqua le népotisme plus que tous les autres. Plus tard encore, vers 1540, il donna à son propre fils, Pierre Louis, gonfalonnier de l'Eglise, les duchés de Naples et de Castro ; il fit épouser par son neveu Ottavio, Marguerite, fille naturelle de Charles-Quint. Le pape Alexandre VII, élu en 1656, réagit d'abord, défendit à ses neveux d'entrer dans Rome, puis il revint aux anciens errements, tellement la pente était irrésistible.

Ce népotisme ecclésiastique a certainement été le plus remarqué, et c'est lui qui a donné le nom à la chose, car il implique le mot de neveu, or il embrasse en réalité les enfants et tous les parents, lorsque pour le clergé le mot de neveu était seul permis. Mais dès auparavant on voit que le pouvoir est héréditaire dans la famille, tantôt en ligne directe, tantôt en collatérale. C'est ce qu'on peut observer dans la succession aux empereurs romains. Le pouvoir s'y transmet, pas toujours directement, mais à quelqu'un des membres de la famille, précisément parce qu'il ne s'agit pas d'hérédité véritable, c'est là ce qui distingue le népotisme de l'hérédité proprement dite. Un népotisme pareil s'observe plus tard lorsque Charlemagne partage son empire entre tous ses enfants, donnant à l'un la France, à l'autre l'Allemagne, et que les rois de France attribuent en apanage à leurs divers parents les diverses provinces. Plus récemment, Napoléon 1ᵉʳ plaçait tous ses parents sur les trônes de l'Europe et rendait florissant le népotisme le plus complet, il proclama roi de Westphalie son frère Jérôme, roi de Hollande son frère Louis, roi d'Espagne son frère Joseph, enfin son beau-frère Murat, roi d'Italie. Ce népotisme ne le cédait en rien au népotisme pontifical.

Pour être moins apparent, ce népotisme est aussi vigoureux aujourd'hui, non seulement sous les monarchies, mais dans les Républiques. Celui qui arrive au pouvoir case sans vergogne tous les siens. Il n'y a point de sénateur, de député ou de ministre qui ne cède à cette tentation, et s'il ne le faisait pas, il ne recueillerait pas d'éloges, mais passerait pour un hypocrite ou un naïf. La première clientèle qui assaille un homme public, c'est celle de sa famille. Celui qui obtient une dignité tâche d'attirer à lui tous les siens. Il le fait au détriment de tous autres. C'est là le népotisme de détail qui n'est pas le moins dangereux de tous. Ainsi se forment de véritables dynasties de militaires, de marins, de magistrats et même d'avoués, de notaires. Cela tient beaucoup moins à l'identité de goûts, qu'à la certitude qu'on sera favorisé, dès qu'un de nos parents exerce déjà la profession dont il s'agit, et qu'on y sera protégé par l'esprit de tradition et de corps.

Nous verrons que quelquefois l'idée de parenté s'y élargit et est remplacée par celle d'amitié.

L'hérédité n'est d'ailleurs elle-même qu'un népotisme tacite et condensé, ou le népotisme qu'une hérédité atténuée, les deux tiennent ensemble par un lien invisible.

Quant aux effets, le népotisme est un des fléaux les plus funestes. Il empêche la juste distribution sociale des honneurs et des emplois ; il traverse tout de son hypocrisie. Souvent ceux qui se disent fils de leurs œuvres, parce qu'ils sortent d'épreuves apparentes, ne sont fils que du népotisme, ce qu'on appelle dans un langage trivial, mais exact, les fils à papa. Tous les autres sont éliminés, sans cause apparente, à moins qu'ils n'aient d'autres motifs de protection, mais celle-là est plus forte, quand il y a lut e entre elles. Elle l'est tellement que souvent, par un phénomène qui semble inexplicable, des hommes politiques, plutôt sectaires, favorisent cependant, plus que leurs coreligionnaires, des adversaires politiques, mais c'est lorsque ces adversaires sont leurs parents ou les amis de leurs parents, le lien du sang l'a emporté sur tout le reste.

Le patronage politique a de tout temps existé, mais il a pris de nos jours et dans certains pays surtout une prédominance qui ne le cède qu'au népotisme. A Athènes et à Rome, dans toutes les républiques anciennes, il est en pleine vigueur. C'est l'histoire de la clientèle dès les temps de la république romaine ; à l'origine, elle est même héréditaire dans l'une et l'autre famille, les affranchis en composent une partie. Plus tard elle se modifie. L'homme politique s'entoure de créatures qu'il attache à sa personne par des services et souvent des dons, ils ne lui doivent rien en échange, si ce n'est d'augmenter son influence ; plus tard, sous l'empire, ces clients ne sont plus politiques, mais constituent un luxe de familiers, ils restent attachés à la personne, à divers titres : poëtes, soldats, simples mendiants même, le patron les admet à sa table, ils passent donc souvent au parasitisme proprement dit.

Sous la monarchie, les gens de la Cour, seigneurs ou autres, entourent le souverain, et quand ils n'obtiennent pas de faveurs de lui, ils y puisent une grande force, une influence sur tous les autres, et un patronage qui les soutient vis-à-vis de tous. Les courtisans deviennent souvent des parasites de nourriture, mais ils sont en tous cas des parasites de force, en ce sens qu'ils obtiennent des fonctions honorifiques, quand elles ne sont pas lucratives.

De nos jours et en France, il y a aussi paradynamisme politique dans la clientèle électorale. Il s'agit moins des électeurs pris un à un, que des électeurs influents, de ce qu'on a appelé les grands électeurs, consistant surtout dans les comités électoraux. L'éligible, lorsqu'il réussit, contracte envers eux une dette de reconnaissance, qu'il doit payer en détail. Cette clientèle est parfois pour lui une lourde charge envers laquelle il voudrait peut-être se montrer ingrat, si la non-réélection n'était une revanche efficace. Il faut qu'il rende en places et en faveur ce qu'on lui a procuré en popularité. Aussi le député d'opposition est-il fort embarrassé pendant le cours de son mandat. L'autre l'est aussi, car il a trop promis, mais sa clientèle le tient par le paradynamisme, il doit fournir son patronage. Dans ce but, tous les matins, il assiège quelqu'un des ministères, y mendie, arrache une promesse ou une place, avise son client et peut se reposer ensuite jusqu'à une nouvelle demande, c'est-à-dire jusqu'au lendemain. Tout le monde tire sa force de cet appui, de même que toutes les plantes grimpantes, de l'arbre qui doit les supporter.

Cette clientèle a une plus puissante action aux Etats-Unis où elle s'organise entièrement. Tous connaissent maintenant ce vaste réseau de politiciens qui entoure le pays entier. Il existe des comités se superposant les uns aux autres, suivant qu'il s'agit d'unités territoriales plus ou moins compréhensives. L'élection est préparée successivement par ces comités, qui survivent d'ailleurs à la période électorale. L'élection obtenue, a lieu le partage des dépouilles, et on atteint au parasitisme proprement dit ; toutes les places et les honneurs sont donnés aux comités et aux principaux électeurs.

Tel est le patronage politique, il est le plus fructueux de tous, les partis sont ainsi enrégimentés ; mais sans qu'il procure les profits, ce qui convertirait en parasite, il se borne souvent à donner la force qui vient du patronage lui-même, force dont se trouvent privés les gens éloignés de la politique. Dans son propre intérêt il faut prendre parti. En un pays comme la France, celui qui n'est ni républicain, ni conservateur militant va se voir bientôt éloigné de tous et de tout ; il subira un lock-out universel, les uns le repousseront aussi bien que les autres, il ne saura où se diriger, s'il a besoin non qu'on lui accorde une faveur, mais qu'on lui fasse justice, il se verra repoussé, sans savoir pourquoi, entouré qu'il sera d'un silence hostile. Heureux encore si l'hétérogénéité ne va pas au-delà ; il sera malmené par la droite, parce qu'il n'est pas de la droite, par la gauche, parce qu'il n'est pas de la gauche ; quant au centre, il ne se remplit que des défections de la droite et de celles de la gauche, il n'est pas fait non plus pour lui. Il essaye alors de sortir de sa torpeur et de choisir ce qu'il estime juste d'un côté et ce qu'il estime juste de l'autre. Nouvelles erreurs ! Il faut tout prendre ou tout laisser, pour marcher ensemble et conserver sa force. Il s'y décidera enfin, sa solitude finira, il ne sera plus réduit à sa propre valeur, il y ajoutera celle de son parti, quel qu'il soit. Partout où la vie politique est intense, elle domine tout, chacun doit s'y appuyer ou il tombe fatalement.

La science, la littérature, les beaux-arts forment un vaste champ dans lequel l'individu doit aussi chercher la force d'un autre, s'il veut réussir ou seulement subsister, et cette force vient à son secours de différentes manières. Il s'agit tantôt de la société dans son ensemble, tantôt de ceux qu'elle a préposés dans ce but, tantôt d'un individu, savant ou artiste lui-même, tantôt d'une personne qui favorise un art sans le pratiquer.

Nous avons décrit les vains efforts de celui qui veut rester privé de toutes ses ressources et prétend réussir par la seule force de son esprit. Il faut qu'il ait recours au patronage dans cette sphère, aussi bien que le fonctionnaire dans celle de la politique. La forme qui lui conviendra le mieux, s'il n'aime pas à solliciter, c'est la forme anonyme de la protection. L'État fait subir des examens ou des concours pour désigner le plus digne, il ne tient alors qu'à celui-ci de l'être ; il distribue des prix aux mêmes conditions, ou ce qui revient au même, les bienfaiteurs du genre humain, des Mécènes posthumes, ont fondé des récompenses pour le talent, comme d'autres pour la vertu. L'impartialité sera si grande dans ce cas, que le nom ne sera pas placé au bas du manuscrit envoyé, mais seulement une devise à laquelle correspondra sous pli cacheté le nom véritable, on ne l'ouvrira que le jugement rendu. Il semble que voilà bien toutes les précautions prises. Sans doute, mais ces sortes de scellés seront-ils toujours respectés, et puis le juge du concours jugera-t-il l'écrit même anonyme toujours d'après sa valeur intrinsèque, et non d'après ses préjugés, ses propres théories, voilà les points douteux.

Quoi qu'il en soit, le candidat jouira alors de toute l'impartialité possible. Quelquefois le prix est décerné à découvert. Il y a déjà moins de sécurité. En effet, les juges du concours sont presque toujours des universitaires qui ont leurs disciples imprégnés de leurs idées, de leur manière, de leur conception d'art, comment ne leur donneront-ils pas inconsciemment la préférence ?

Mais il ne s'agit pas toujours de ces récompenses positives, et le patronage n'a pas lieu d'une façon aussi nette, mais il est plus encore patronage. Celui-ci émane des savants ou des auteurs illustres ou des Mécènes eux-mêmes.

Le premier constitue le patronage de maître à disciple. Il a été très actif dans tous les siècles, c'est une sorte de népotisme intellectuel. Nous aimons ceux qui nous ressemblent ou que nous avons rendus semblables à nous-mêmes. Dans l'enseignement, c'est ce genre de faveur qui fait monter aux plus hauts emplois, il y a là une sorte de legs. Si l'élève jure par le maître, il le flatte encore plus, or, la flatterie réussit toujours. C'est ce qui fait la faiblesse de l'autodidacte, il doit tout à lui-même et n'est favorisé nullement. Il n'a point d'anciens camarades, auxquels il puisse faire appel plus tard, il n'a point d'anciens maîtres qui puissent l'aider, il est et reste seul, ce qui est le plus grand danger. Le moins savant ou le moins génial arrivera toujours avant lui. Aussi, même tardivement, devra-t-il se rattacher à quelqu'un, comme le lierre qui est resté à terre et qui de peur se décide enfin à grimper le long de l'arbre sauveur. Le second patronage de ce genre est celui des Mécènes, non point de celui qui institue des prix, généralement d'outre-tombe, et les fait distribuer par d'autres, mais de celui qui entre directement en contact avec le savant ou l'artiste, le fait asseoir à sa table, le comble d'honneurs, ou tout au moins, lui fait des commandes ou lui accorde une pension. C'est chez les monarques, et surtout chez les monarques absolus que cette protection apparaît. Le premier cependant ce ne fut pas Auguste, ce fut Mécènes lui-même, qui donna le nom à l'institution, mais Auguste fut aussi un Mécènes plus officiel. Au moyen-âge, c'est l'Italie qui, comme de tous les arts, a le record du Mécénisme. Les papes protègent l'architecture et la peinture. De même les petits tyrans italiens, surtout ceux de Florence, les Médicis. Les poëtes le leur rendent en les célébrant dans leurs chants, et ils sont pris pour les princesses Béatrice et Laure d'un platonique amour. Parfois la papauté se fâche quand le savant est trop hardi, par exemple, Galilée, mais elle lui pardonnerait vite s'il ne s'entête pas dans ses idées, car le Mécènes est, en général, bon enfant. On peut citer encore Louis XIV pour les Corneille, les Racine et tant d'autres, et Frédéric II pour Voltaire. Les Républiques aiment moins les arts et ont à se reprocher la mort d'André Chénier, par exemple.

Parfois la société ou des associations ou même de simples particuliers prennent sous leur protection, non seulement ceux qui deviendront illustres, mais, au contraire, les plus misérables, par une louable pitié. C'est ainsi qu'il y a des patronages pour les libérés, pour les enfants condamnés, pour les orphelins ou les infirmes, et pour d'autres affectés de tares physiques ou morales. Ce sont le plus souvent des sociétés, mais parfois une personne se charge d'un enfant abandonné, par exemple. Ces actes sont très méritoires. Ils donnent à l'enfant privé de toute force précisément celle qui lui manque. Son protecteur devient son tuteur autour duquel il s'enroule, pour ainsi dire. Il s'agit bien de force, de paradynamisme et non de parasitisme, car souvent le bienfaiteur ne fournit pas la nourriture.

Le patronage peut, venant d'un particulier, être de simple affection. Il peut y avoir seulement sympathie entre quelqu'un et un autre plus jeune, le premier puissant et le second encore très faible. Ce dernier, isolé, cherche en vain un appui, nul n'a répondu à sa pensée. Si c'est un écrivain, son livre n'a point frappé l'attention. Tout à coup ce livre tombe entre les mains d'un homme célèbre, il en lit avec étonnement quelques pages, puis le continue d'un bout à l'autre, frappé de ce qu'il lui révèle ; il admire l'auteur et, ce qui est plus, lui devient sympathique au plus haut point ; il l'appelle, le lance, en révèle à tout le monde le génie. Par exception, l'auteur n'aura pas eu besoin des patronages ordinaires, péniblement mendiés, celui-ci lui

sera venu seul, d'en haut, comme son génie. Mais le cas
est assez rare, car l'homme célèbre, tout en admirant, peut
être jaloux de la renommée possible, et éteindra cet enthousiasme, que celui qui en est l'objet n'aura jamais
connu. Enfin le patronage peut venir de motifs honteux, il
peut être la récompense de services de certain genre qui
ont été rendus, c'est un cas fréquent de favoritisme, nous
ne voulons pas insister sur ce point.

Tels sont quelques-uns des exemples du patronage individuel ou social. On voit qu'ils sont beaucoup plus nombreux que dans la nature ne l'est le parasitisme de support.
Ces faits sont-ils utiles ou nuisibles ?

Dans la nature, il ne semble pas qu'ils soient nuisibles,
puisque précisément on ne se nourrit pas aux dépens de la
substance, et qu'on cherche un appui, tout au plus incom-
mode pour le support, surtout lorsqu'on y obtient la locomotion sans fatigue, cas auquel on doit comparer celui de
l'homme qui se fait promener en palanquin ou sur leur dos
par des coolies. Mais il en est tout autrement dans la société,
ils y sont à la fois très utiles et très nuisibles, utiles à ceux
qui en profitent, nuisibles non à ceux sur lesquels on l'exerce,
mais au reste de la société. C'est ainsi que le népotisme est
un des plus désastreux et sans compensation sociale. Il y
en a d'autres inoffensifs, l'adoption par exemple. Le patronage politique est très pernicieux. Celui des misérables
est, au contraire, fort utile. On voit qu'il est impossible de
porter un jugement général sur le paradynamisme, il serait
en somme meilleur que le parasitisme. On peut en faire un
emploi fort utile en certains cas.

Parfois, il tend à se confondre avec le parasitisme proprement dit, c'est lorsque le protégé tire des avantages qui
ne consistent pas seulement en un appui pour obtenir un
emploi ou un honneur, mais en une série de valeurs immé-
diates, équivalentes à la nutrition du parasite.

Nous n'avons parlé jusqu'à présent que d'un paradynamisme, le social, celui qui s'analyse en patronage et souvent en népotisme. Il existe à côté du premier un paradynamisme purement psychologique ou du moins, dont les
conséquences sociales ne sont qu'indirectes, il appartient
cependant bien certainement à notre rubrique. En même
temps, du reste, il se produit une sorte de greffage.

Il s'agit des productions scientifiques ou artistiques, surtout de ces dernières, dont l'une s'appuie sur l'autre, comme sur un support indispensable, sans lequel elle ne pourrait réussir ni même exister. Cependant elle le fait sans diminuer en rien l'œuvre ancienne, pas plus qu'on n'appauvrit le soleil en recevant ses rayons. Elle n'en est point non plus l'imitation, quoiqu'elle semble l'être parfois, car elle se met souvent en contradiction avec elle, ou par l'emploi de moyens et d'éléments tout à fait différents, elle n'a pu matériellement imiter en aucune façon, mais seulement s'inspirer, ce qui est tout autre. Des exemples feront mieux comprendre ces ressemblances et ces différences délicates.

En voici une première application. Un sentiment, le même, peut être rendu par des arts absolument différents : l'architecture, la sculpture, la peinture, la musique, l'écrit, le parler, le vers, la prose. Il n'y a pas d'identité, il ne peut y avoir que communauté d'impression et une sorte de synchronisme. Un poëte vient d'entendre une mélodie ou une symphonie qui l'ont profondément ému, il composera sur le même sujet, s'il y a un sujet, dans le même ton et la même direction, et s'il n'y a pas de sujet net, une poësie qui aura le même souffle. Plus pratiquement, le musicien, lorsqu'un libretto lui aura été livré par le poëte, composera une musique qui s'y adaptera parfaitement, et cependant on ne peut dire qu'il ait imité le livret. De même, d'une façon plus générale, il y a un genre de poësie pictural, un autre plastique, un autre musical, comme cela a été souvent observé et comme on l'a parfois trop recherché, et cependant la poësie n'a pas de pinceau, ni de ciseau, ni de cordes à sa disposition. Elle n'a pu ni imiter, ni emprunter.

Mais dans tous ces cas cependant, l'inspiration du second art a trouvé son appui dans le premier, et si le premier n'avait pas existé, le second n'aurait par surgi.

Il n'est pas besoin qu'il existe une différence si radicale entre les deux arts pour qu'on se trouve dans l'hypothèse que nous venons d'esquisser. Il s'agit d'une œuvre de littérature ; elle aura des imitateurs, même des plagiaires, ce n'est pas d'eux qu'il y a lieu de s'occuper en ce moment, mais d'autres s'en inspireront entièrement ; ils prendront la même thèse qui les aura frappés aussi, mais ils la traiteront tout différemment, ou bien, à l'inverse, ils prendront l'inspiration reçue et la reporteront sur un autre sujet.

4

Enfin ils mettront en vers ce qui était en prose, et le moule est alors tellement différent que par sa forme seule il donne un tour nouveau à la pensée et au sentiment, de manière que l'impression en est entièrement distincte.

Il y a dans tous ces processus un véritable phénomène de paradynamisme, l'idée du parasitisme est exclue, car on ne pense pas et on n'agit pas aux dépens de celui qui vous prête son appui, même involontairement et inconsciemment, on ne lui demande qu'un point d'appui. Comment cet appui est-il nécessaire ? Il l'est, parce qu'une faculté manque à celui qui en a besoin, faculté qui se trouve chez l'inspirateur. En effet, les capacités sont très divisées. On rencontre souvent des hommes capables de sentiments fortement exprimés et d'un style supérieur, qui sont totalement dépourvus d'imagination, ils ne sauraient concevoir l'intrigue d'un roman, mais si on la leur fournit, ils en écriront admirablement les sentiments intérieurs et les caractères mis en mouvement par ses événements ; un autre a une conception hardie et sait ourdir et réunir les fils d'un récit, mais le style lui manque ; c'est un cadre qui n'est pas rempli. C'est ce qui explique les œuvres d'art faites en collaboration, lesquelles au premier aspect semblent peu naturelles. L'araignée tisse admirablement sa toile, mais il lui faut un appui où la suspendre, sans cela elle ne pourrait commencer son travail. Mais cependant elle n'imite pas, elle ne vit pas aux dépens de la poutre où elle est suspendue, cette poutre lui sert seulement de support indispensable, avec sa force ; il n'y a de sa part ni parasitisme, ni paramorphisme, mais paradynamisme.

Maintenant nous pouvons indiquer les principaux cas de ce paradynamisme psychologique.

Le plus tangible est celui de l'interprétation, de l'exécution de l'art dramatique, soit littéraire, soit musical. Voici une comédie terminée, elle n'est pas faite pour être lue, elle ne s'adresse pas directement à l'esprit, mais aux yeux et aux oreilles. Si on se contente de la lire, elle perd presque tout son effet profond. Il n'y a que les comédies manquées qui soient destinées à être lues. Cependant, même réduites à cet emploi, elles conservent un certain mérite. Elles sont seulement incomplètes. Elles appellent le comédien, comique ou tragique, pour s'achever.

Mais, de la part de ce dernier, le besoin d'une œuvre précédente pour appui est bien plus nécessaire encore. Voici l'artiste scénique tout prêt, il attend, pour déclamer, la pièce même qu'il doit interpréter. Mais la pièce fait défaut. Que va-t-il faire ? Rien, absolument rien. A moins qu'il ne soit improvisateur, c'est-à-dire à la fois auteur et acteur. Mais le cas est des plus rares. Les Shakspeare et les Molière l'ont pu, mais combien peu d'autres ! Encore faut-il remarquer que ce faisant ils se dédoublent. Ils ne composent pas et ne jouent pas en même temps. Ils ont d'abord composé comme auteurs, et plus tard ils jouent comme acteurs, et ils ne pourraient jouer, s'ils n'avaient pas d'abord créé la pièce, sur laquelle ils vont s'appuyer ensuite, comme si elle avait été composée par un autre.

L'œuvre de l'acteur porte donc sur l'œuvre de l'auteur comme sur un support nécessaire, sans quoi elle ne pourrait exister. Cependant il n'enlève rien, ne parasite rien à ce dernier qui continue seul de former la pensée, le sentiment, le tout. Il se borne à interpréter, à faire passer de l'idée dans l'œil et dans l'oreille, il transvase cette œuvre, pour ainsi dire. Il ne l'imite pas non plus, car l'exécution, la réalisation n'est pas une imitation. Il a son art propre qui consiste à faire vivre ce qui était inanimé, à le susciter devant les yeux, à lui donner une voix et un geste. Mais que l'auteur manque, l'acteur disparaît nécessairement, le théâtre s'écroule, il n'a plus son point d'appui, le paradynamisme !

Il en est exactement de même pour l'œuvre musicale, vis-à-vis de l'exécution scénique ou autre. Voici un chanteur pourvu de la voix la plus belle, la plus émouvante, il est instruit dans toutes les difficultés de l'art et prêt à en employer toutes les ressources. Mais il est impuissant, il attend le compositeur et si celui-ci n'est pas venu ou ne vient pas, le chant expire sur ses lèvres. Il n'a pas trouvé l'appui où suspendre sa propre action.

Ce n'est pas tout, et sans sortir encore du domaine de la scène, le compositeur de musique peut être obligé d'attendre à son tour. Sans doute, s'il s'agit de musique instrumentale, il n'a pas besoin de paroles, ces instruments parlent d'eux-mêmes un langage nouveau, mais fort sensible, exprimant à son gré la joie ou la tristesse. Mais s'il s'agit du chant, il n'en est pas de même. On ne chante pas de notes sans paroles. Le compositeur a donc besoin à son tour du poëte ou du versificateur, du poëte librettiste enfin, bon ou mauvais, souvent de pure forme, prêt à se plier à toutes les exigences musicales, parfois aux dépens du rythme poëtique et de la pensée, mais en tout cas de l'auteur. Si celui-ci s'obstine à se taire, le musicien ne pourra composer que pour instruments. Il demande les paroles du chant, il ne pourrait même pas composer la musique de ce chant par avance, car il faut qu'elle s'adapte à ces paroles. Il y a donc là toute une sériation d'appuis successifs, de paradynamisme mutuel. Le chanteur ne peut agir qu'avec un point d'appui sur le compositeur, ce dernier ne peut composer à son tour qu'en s'appuyant sur le librettiste.

Ces divers paradynamismes ressortissent à l'interprétation des œuvres d'art, ils se teintent d'un certain mutuellisme; en effet, l'interprète n'est pas le seul qui profite, l'auteur lui-même y trouve son avantage.

Il existe d'autres groupes de paradynamisme psychologique. C'est celui qui consiste à transporter une œuvre de littérature ou d'art d'un milieu dans un autre en lui donnant les modifications exigées ainsi. Il ne s'agit pas ici d'une simple traduction, mais d'une adaptation qui transforme. D'ailleurs, la traduction elle-même laisse une place à l'initiative et peut-être à une œuvre originale, et originale malgré le paradynamisme qu'elle suppose. Voici un roman, par exemple, son auteur a parfaitement réussi, il sait ménager les événements en les déroulant de manière à exciter et à soutenir longtemps l'intérêt, il trace lentement les caractères, dispose pour ce faire dans son œuvre d'un long espace de temps qui empêche les transitions brusques, sait dépeindre les passions avec cette morosité qui les rend plus intenses et plus renfermées jusqu'à ce qu'elles éclatent. Cependant l'œuvre n'a pas vu le jour du théâtre, ce jour tant envié, et l'auteur désire le lui donner, mais il n'a pas les qualités scéniques, il ne voit pas de son regard intérieur ses personnages se mouvoir sur la scène, il ne peut les animer et remplacer par un jeu rapide les préparations ménagées. Un autre possède, au contraire, ces qualités et va transformer le roman en comédie ou en drame. Il n'imite pas, il ne va pas non plus se nourrir de la substance de l'œuvre au détriment de l'auteur; il saura créer une œuvre analogue, inspirée de la première et située dans un autre milieu. Des chapitres sont retranchés, d'autres transformés, d'autres ajoutés, ce qui se racontait se voit, ce qui était latent ressort, ce qui était lent est brusqué. Ce n'est plus même chose. Mais celui qui a converti en drame a eu besoin pour son œuvre scénique de l'œuvre narrative, il n'aurait pu composer sans l'appui fourni par le romancier.

Ce n'est pas tout, voici le roman converti en drame ; pour beaucoup, si le drame plaît, le roman n'aura jamais existé. L'œuvre nouvelle se réalise scéniquement, mais par des paroles. Ne pourrait-on la réaliser autrement et par la musique ? Oui, et le drame subit une transformation nouvelle, il devient opéra. L'opéra, à son tour, va trouver un appui sur le drame, comme le drame sur le roman, ce sont deux phases du paradynamisme. Ces phases diverses sont celles de beaucoup d'œuvres littéraires. Mais tous les romans ne parcourent pas la série entière. Le *Faust*, drame de Gœthe, est devenu l'opéra de Gounod (sans compter celui de Berlioz, non moins célèbre), de même que le *Wilhelm Meister*, roman du même, est devenu l'opéra de *Mignon*. Plus souvent encore, le roman devient drame, les exemples abondent : *le Marquis de Villemer*, *les Misérables*, *Manon*. Enfin la série entière est parcourue dans plusieurs autres.

Une autre transformation est celle qui s'opère de l'ouvrage en prose à l'ouvrage en vers. L'inverse n'a pas lieu, personne n'a songé à prendre un poème et à construire sur ses débris un roman. Mais, au contraire, le roman est une œuvre qui contient l'intrigue, les personnages, les caractères, les passions et les sentiments. Il n'y manque que le rythme, et, avec lui, ce sentiment spécial, cette sensation nouvelle qui vient du rythme, cette condensation de la pensée qu'il renferme, et pour laquelle la prose est moins puissante. Aussi certains auteurs ont-ils entrepris cette tâche difficile et quelquefois y ont réussi. Ils ne l'ont pu qu'en cherchant à en faire une œuvre personnelle, bien distincte, qui n'a trouvé dans la précédente seulement qu'un appui. Le motif qui les a déterminés est simple, leur nature d'esprit ne leur permet pas de trouver le plan d'un poème, ses divisions, ses épisodes, mais le roman qu'ils transforment le leur fournit. Une poëtesse, non sans talent, dans un poëme intitulé *Velléda*, a transformé ainsi un épisode des *Martyrs*, de Châteaubriand.

Il est tout un genre de littérature, d'une extrême importance, qui est un cas frappant de paradynamisme. Il s'agit de la critique littéraire et de la critique d'art.

On pourrait dire, par exemple, quand il s'agit de la littérature, que celle-ci contient deux parties : 1° l'art ; 2° la critique de l'art, si la part faite ainsi à cette dernière n'était trop grande. Il est plus exact de dire que la critique d'art est le développement mental de ce qui existe d'une façon latente dans l'esprit de l'auteur et aussi dans l'œuvre elle-même. Ce que le critique y trouve, l'auteur lui même ne le savait pas. Puis la critique consiste, et c'est son second travail, à jauger l'œuvre, d'après certaines mesures reçues ou nouvelles, mais conformes à la législation du goût, et d'après le jaugeage de la profondeur et de l'intensité. Ce n'est pas tout, la critique d'art est encore, et de nos jours surtout, une œuvre plus autonome, émettant des théories d'art, de goût, de psychologie, en dehors de l'œuvre envisagée, mais trouvant dans cette œuvre un appui. Tout critique profond émet de temps en temps des maximes, comme celles de Larochefoucault ou de la Bruyère ; seulement sa psychologie est moins abstraite, elle est concrète en ce sens qu'elle ne se détache jamais entièrement de son point de départ. Cette critique aboutit nécessairement à un résultat autre et original, celui de poser non les règles, mais les lois de l'art, en s'élevant successivement du concret à l'abstrait. Elle part de l'individuel pour s'élever plus sûrement au général. Mais lorsqu'elle est arrivée à celui-ci ou qu'elle s'en approche, son œuvre devient décidément autonome.

L'œuvre primitive, celle de l'auteur critiqué, ne lui sert donc en réalité que d'appui, mais cet appui lui est nécessaire. Sans lui ses théories, comme ses jugements, resteraient, comme telles, dans le vide ; si elles existaient, elles seraient aprioristiques, sans valeur, invérifiables. Maintenant, au contraire, elles procèdent par induction, comme toutes les sciences, seulement elles n'induisent pas des réalités de la vie traitées par les auteurs, mais de celles de l'art, découvertes chez ceux-ci. Tels sont les points de dépendance et de nécessité de support, et ceux d'indépendance et d'autonomie de la critique de littérature et d'art.

En tout cela il n'y a pas ombre de parasitisme, car la critique ne vit pas aux dépens de l'œuvre et n'en diminue rien ; au contraire, si l'œuvre est bonne, elle en augmente la valeur, ou au moins, la fait ressortir et comprendre davantage. Il n'y a pas non plus paramorphisme, car nommant l'œuvre à chaque instant, on ne peut la dissimuler pour s'en attribuer le mérite.

Mais il y a paradynamisme de plusieurs manières. Non seulement au point de vue objectif, l'œuvre sert de point de départ et de champ au critique, mais subjectivement celui-ci n'aurait pas les qualités d'esprit requises pour être lui-même l'auteur. De même que certains avocats ne sauraient être orateurs hors du prétoire, parce qu'ils n'ont plus le tremplin de l'article de loi, des dépositions des témoins, des faits matériels de la cause à discuter et qu'ils feraient de médiocres conférenciers, de mauvais déclamateurs aussi dans des réunions publiques, parce que là les idées sont plus générales et s'agitent souvent sans bases, de même l'excellent critique est rarement auteur. Il évite trop de tomber dans les défauts qu'il signale, et, regardant autour de lui à chaque pas, il ne saurait marcher librement, ses qualités mêmes le perdraient.

Enfin dans l'ordre des compositions littéraires, il y a encore une large attribution à faire au paradynamisme.

L'œuvre littéraire, la seule véritablement autonome, est celle de pure imagination, que sa forme en soit prose ou vers, poësie ou roman. Toutes les autres ont plus ou moins recours au paradynamisme. Au rang de celles-ci, il en est deux surtout qui ont ce caractère bien marqué. Il s'agit d'abord de l'histoire et de tout ce qui est historique. La ressemblance avec le roman est telle que, lorsqu'elle est écrite par un écrivain de talent, on pourrait presque les confondre; l'une est la narration d'événements vrais, l'autre, celle d'imaginaires, mais dans le premier cas l'esprit de l'écrivain a un support, un moule dont il suit les contours, dans l'autre il n'en possède aucun et marche sans lisières. Par l'histoire nous comprenons d'ailleurs aussi la biographie. Il s'agit ensuite de l'éloquence. Quelque improvisé que soit le discours, il a toujours un support, soit que l'avocat s'appuie sur des faits ou sur des lois, soit que le prédicateur invoque des dogmes, ou le politicien sa plate-forme. Tout cela constitue l'appui de chacun sur lequel il déploie sa verve.

Un autre genre de paradynamisme est celui qui résulte

de la documentation antérieure. Si l'on emprunte les idées
énoncées dans un ouvrage déjà paru, c'est du plagiat, voire
de la contrefaçon, en tout cas du parasitisme, car c'est dans
un autre qu'on a trouvé la nourriture proprement dite de
son livre. Si l'on y puise seulement une documentation qui
était dans le domaine public, il n'y a là qu'un simple paradynamisme, car les idées qu'on tire de ces faits peuvent
être entièrement différentes, et alors l'œuvre reste originale, on a seulement emprunté l'appui.

De même, tandis que l'appui prêté par un Mécènes peut-
être du parasitisme, car le Mécènes produit des ressources
matérielles qui alimentent par le savant son œuvre, celui
prêté par le maître à son disciple est un simple paradynamisme, car il ne coûte rien au savant officiel arrivé.

Parasitisme, comme paradynamisme, ne profitent pas seulement au parasite. Le même phénomène se produit que
dans la nature ; ils peuvent profiter au parasité lui-même.
Seulement le profit est d'un autre genre que celui du parasite. Le profit du parasite est matériel et objectif, celui du
parasité est subjectif et imaginaire, mais n'en existe pas
moins, et peut équivaloir à un mutuellisme. Le parasite est
heureux de réussir à n'importe quel prix, il se prête en
faveur du parasité aux plus basses œuvres ; de son côté, le
parasité est enchanté d'être flatté à chaque instant par le
parasite, quoiqu'il doive savoir que cette flatterie est inté-
ressée. Peu lui importe ! Il n'en a pas d'autre. Le savant
officiel, en effet, ne se contente pas de l'estime attachée à
sa position, il lui faut de plus les caresses spirituelles qui
résultent pour lui de l'adulation par son disciple. Celui-ci
le sait et n'épargne rien, tandis que l'indépendant se des-
sèche dans sa solitude.

III

La troisième manifestation du parhétérisme est le paramorphisme, connu sous le nom de mimétisme. Il règne à
la fois dans la nature et dans la société. C'est dans la première qu'on en trouve d'abord de frappants modèles qui le
font mieux comprendre et apprécier partout.

Le mimétisme consiste essentiellement à imiter, mais
dans un but spécial qui est d'échapper à un danger ou d'ob-

tenir un avantage, souvent, non toujours, nuisible à autrui, en prenant la forme, l'apparence, la couleur d'un autre animal ou d'un autre végétal, et cela tantôt instinctivement, tantôt consciemment, quelquefois même avec une volonté parfaite.

Ce phénomène apparaît fréquemment dans la nature. On distingue le mimétisme général qui est une accommodation plus complète à son milieu, jusqu'à se confondre avec lui, et le mimétisme spécial qui vise à imiter tel ou tel objet.

Le premier pousse à l'homochromie avec le milieu ambiant, c'est ainsi que la chenille du mérinthus, qui est verte sur les feuilles, descend ensuite sur les branches et sur le tronc et devient alors brune sur l'écorce, elle cherche ainsi à échapper aux attaques.

Le second incite à imiter certains objets, ce qui fait que l'animal ne sera plus recherché par les prédateurs qui prendront l'imitateur pour un autre être. Ce n'est pas toujours la couleur seule qu'on imite, mais la forme, l'odeur, les cris, toutes les autres apparences. Une sauterelle va se faire semblable à un bout de bois, et alors personne ne vient la troubler, une autre ressemblera à une petite branche, une autre à un lichen ; les phyllies se confondent avec une feuille verte, ses deux élytres en se rejoignant imitent les nervures de la feuille ; telle araignée ressemble à un excrément d'oiseau. Dans la mer des Sargasses, des poissons ressemblent aux algues ; une couleuvre inoffensive ressemble à une vipère.

D'autres imitent la saveur désagréable de certains d'entre eux pour ne pas être mangés. C'est le but essentiel, les espèces non comestibles sont toujours de couleur voyante. Il suffira donc d'imiter cette couleur pour échapper.

On imite aussi les cornes et les dessins bizarres qui effraient l'ennemi.

Remarque caractéristisque. On sait que dans le monde social, l'hypocrisie est beaucoup plus fréquente chez la femme que chez l'homme et cela s'explique, elle est plus faible, elle ne peut se sauver que par la ruse. Hé bien ! de même chez les animaux, le mimétisme est beaucoup plus pratiqué par la femelle, il n'est qu'ébauché chez le mâle.

Jusqu'ici, le mimétisme est purement instinctif, mais il devient volontaire chez le caméléon qui change de couleur suivant ses besoins, aussi est-il devenu le patron de nos politiciens, c'est leur totem. Les chenilles géométrades prennent, lorsqu'on les inquiète, l'aspect de petites brindilles desséchées. Les volucelles simulent la même forme que les bourdons et en profitent pour aller pondre leurs œufs dans les nids de ces derniers.

Ce n'est pas seulement pour se défendre que les animaux pratiquent le mimétisme, c'est aussi pour attaquer ; un carnassier mime une espèce inoffensive, pour ne pas effrayer. Il existe une mante qui ressemblera aux termites dans le but de les dévorer. Les héliconides, sorte de papillons à odeur nauséabonde sont imités par les piérides comestibles pour inspirer le dégoût.

Le mimétisme existe aussi chez les végétaux qui prennent une certaine forme pour éloigner les attaques des animaux. Le labium album emprunte aux orties leur forme, parce que ceux-ci ont des poils urticans qui effraient.

Tels sont les traits principaux du mimétisme dans la nature. Il comprend plusieurs catégories bien différentes : 1° le défensif et l'offensif. 2° le général et le spécial, 3° l'instinctif et le volontaire, 4° le momentané et le permanent.

Cette dernière classe doit surtout attirer notre attention. Elle est entièrement remarquable dans ses deux branches. Comment l'animal peut-il, soit par instinct, soit par volonté, changer la couleur ou la forme de son corps, l'homme ne le pourrait pas. Le caméléon surtout peut se modifier à chaque instant. Il y a là un phénomène inexpliqué.

Le mimétisme ne se rattache au parasitisme que par un lien qui semble à première vue un peu artificiel. Par le mimétisme on ne fait aucune emprise sur la substance d'autrui pour s'en nourrir, on n'emprunte pas non plus sa force à ses dépens, on ne lui prend rien. Seulement lorsque le mimétisme est offensif et sert à attaquer on peut le rattacher au parasitisme et peut-être plus logiquement au prédatisme, mais s'il est seulement défensif, et c'est le cas le plus fréquent, il semble échapper à ce classement. Nous avons cependant voulu le conserver, parce qu'il est devenu classique. Prendre la forme d'autrui sans son consentement c'est encore à la rigueur une emprise. Seulement c'est en tout cas un parasitisme (emprunt forcé de livrée) très atténué ; d'ailleurs l'emprunt de force était un parasitisme atténué déjà.

C'est dans le monde social que nous voulons étudier le

mimétisme, en n'oubliant pas que sa base est dans le monde naturel.

On en distingue trois sortes : le mimétisme involontaire et inconscient ou imitation, le mimétisme instinctif ou de défense, et le mimétisme entièrement volontaire, ou dans un but lucratif, ou agressif, ou l'hypocrisie. Imitation, mimétisme, hypocrisie, forment les trois degrés du paramorphisme social. Au point de vue moral, le premier ne peut donner lieu à aucun reproche, le second est excusable comme la légitime défense, le troisième, au contraire, est à un haut degré de culpabilité et de nocuité.

Au point de vue de l'évolution, le premier cité est aussi le premier dans l'ordre historique. Comme nous le verrons, la société s'est, pour ainsi dire, formée par l'imitation. Dès les temps anciens le mimétisme est devenu nécessaire pour se défendre ; l'hypocrisie générale suppose une société plus développée.

En général, le premier degré, l'imitation, n'est pas comprise dans le mimétisme, et il semble en tout cas qu'elle devrait se placer à la fin, et que l'imitation est volontaire. Sans doute, l'imitation est volontaire souvent aussi, mais il s'agit ici de l'imitation involontaire dont on ne s'aperçoit même pas. C'est un penchant psychologique inné, qui a été très bien décrit par Tarde, quoi qu'il lui ait donné peut-être une importance exagérée, importance qu'il a diminuée lui-même depuis, en faisant succéder à l'imitation universelle l'opposition universelle. En tout cas, c'est un penchant très fort et il a eu une grande puissance éducatrice. Elle repose sur la répétition du même acte chez soi ou chez les autres, surtout chez les autres, mais par l'habitude on s'imite aussi soi-même, il en résulte une véritable suggestion, l'obses-sion de ce qu'on voit, de ce qu'on entend. Elle a ses lois spéciales. On imite rarement les gens inférieurs, mais souvent les gens et surtout les classes supérieures, et parmi elles leurs actes éclatants, qui souvent sont accomplis dans ce but, malheureusement aussi leurs vices, surtout s'ils sont élégants. L'imitation du crime est fréquente aussi, il attire, comme le vertige ou précipice. L'imitation, du reste, dans cette situation est tout à fait involontaire.

Elle peut être évidemment utile ou funeste, mais dans l'ensemble, elle a été fort utile pour la civilisation. Elle a donné la tradition qui a été l'instrument d'éducation des vivants par les morts et qui a créé les premières sciences. Un plus grand bienfait a été l'homogénéité que seule elle pouvait procurer, car les hommes eussent été aussi différents de caractères que peuvent l'être entre elles les diverses espèces d'animaux, on sait combien l'hétérogénéité est restée redoutable entre les peuples, elle aurait été la même entre les individus sans ce penchant qui les porte à s'imiter les uns les autres et qui les égalise. C'est sur elle aussi que se forme la politesse mondaine qui empêche tous les heurts, arrondit les angles, et forme comme une seconde société plus affinée, on la doit à l'imitation réciproque.

A la longue, elle développe pourtant en elle un exemple pernicieux. Elle détruit toute originalité. Elle était utile jusqu'à instruction parfaite, mais cette instruction acquise, il fallait s'en passer désormais. C'est surtout en matière artistique ou littéraire, partout où la création est nécessaire, que l'imitation a l'effet le plus funeste. Les copies vont de plus en plus pâlissant, quand elles seraient faites sur les meilleurs maîtres. C'est ce qui s'est produit à toutes les époques qui ont suivi les points culminants. Il faut ensuite un homme de génie qui rompe toutes les traditions, répudie toutes les imitations, pour relever l'art.

L'imitation n'est pas le sujet de notre étude, et nous n'avons voulu que la mentionner en passant, pour lui assigner sa place. Nous n'avons à nous occuper que du mimétisme proprement dit ou mimétisme défensif et du mimétisme offensif ou hypocrisie.

Le mimétisme défensif est le vrai mimétisme, celui qu'on rencontre le plus souvent dans la nature et qui a dû précéder l'autre. Nous avons déjà observé qu'il a les qualités de la légitime défense et même des qualités supérieures, car il ne combat pas, même un ennemi, il tend seulement à lui échapper.

Il est général ou spécial. Général, il cherche à ne pas se distinguer de l'ensemble du public par des idées trop dissonantes : si une opinion est commune, il l'adopte ; si un usage quelconque est général, il le suit.

Spécial, il se conforme à l'idée de telle personne ou de tel parti politique qu'il juge le plus puissant et il le préfère quand même il penserait autrement ; il parlera comme ceux dont il adopte la bannière, parce qu'il juge que cela est utile pour son repos.

Ces deux sortes de mimétisme défensif s'exercent dans les divers domaines sociaux où nous allons les observer.

On sait que le domaine religieux a eu longtemps et surtout à l'origine, de la plus grande importance. Aujourd'hui encore ses questions passionnent les esprits. Il a existé de nombreuses époques où telle religion était persécutée ; ses adeptes devaient, pour éviter la mort, ou se cacher ou renier leurs opinions. Le dernier parti était du mimétisme. Cependant, dans les crises aiguës le mimétisme était rare. Une fièvre de conviction s'emparait des esprits et les portait à proclamer leur croyance à travers tous les risques. C'était la période d'enthousiasme d'une religion naissante ; le mimétisme n'avait alors aucun attrait, l'attrait, au contraire, était du côté du danger, comme sur le champ de bataille ; cependant les chrétiens se réfugiaient déjà dans les catacombes. Mais c'est lorsque la persécution est plus sourde, que les menaces indirectes ne s'adressent plus à la vie, mais à la situation sociale, économique ou politique, que vient le désir, pour éviter tous ennuis, de paraître appartenir à la confession dominante et accepter toutes ses exigences. Lorsque le catholicisme jouit de la faveur des princes, ou prend à son service le bras séculier, bien des hétérodoxes et des penseurs libres emploient mille subterfuges pour faire pénétrer leurs idées, tout en les dissimulant, Rabelais affecte l'obéissance à l'Eglise et se déguise sous une scatologie inoffensive. Plus tard, on peut en dire autant de Zola, mais alors ce n'est plus en matière religieuse. Kant est encore plus remarquable sous ce rapport, c'est un Janus à double face. Dans sa critique de la raison pure, il ébranle tous les fondements, non seulement de la religion, mais de la métaphysique, tandis que, dans sa critique de la raison pratique, il fait semblant de les rétablir. Descartes joue un peu le même rôle, Voltaire dans sa correspondance avec Frédéric II se déclare déiste, tandis que tous les deux le sont si peu. La religion de Châteaubriand, de Lamartine et de Hugo est fort suspecte. Tous les savants officiels tiennent en apparence et en bloc pour l'antique métaphysique, dont ils font bon marché en détail. Tout cela rappelle Socrate sacrifiant aux dieux par bienséance. Les francs-maçons, qui à tort ou à raison passent pour professer des doctrines anti-religieuses, se sont longtemps constitués et existent encore comme sociétés secrètes. Si aujourd'hui une mise à l'index peut

constituer une réclame dans certains pays, il n'en était pas
de même jadis, lorsque l'index consistait à voir brûler l'ouvrage par la main du bourreau, aussi les auteurs prenaient-
ils mille précautions, jusqu'à afficher en tête un pro-
gramme des plus orthodoxes. C'était un mimétisme nécessaire.

Une classe de citoyens était tenue de déguiser ses sentiments contraires sous le parasitisme de la vie ou le paramorphisme, c'était celle des fonctionnaires. Sous peine de
disgrâce ils devaient simuler les idées les plus religieuses,
sous la restauration, par exemple, le billet de confession
était exigé à l'entrée.

Ce n'est pas le catholicisme florissant qui a seul forcé les
citoyens à ce mimétisme défensif, ce sont à leur tour toutes
les autres religions. Le protestantisme officiel a, en Angleterre, exercé les mêmes persécutions tant contre les pa-
pistes que contre les sectes dissidentes, les excluant de
toutes fonctions, les astreignant souvent au serment, les
contraignant par leurs persécutions sourdes à s'exiler, les
Puritains, par exemple, qui allèrent fonder les États-Unis.
‹‹ ‹ in donna le premier exemple de l'intolérance, en faisant brûler Michel Servet.

Ce n'est pas tout, les hommes anti-religieux ou anti-cléricaux à leur tour reprennent à leur profit cette persécution, et les citoyens d'opinion religieuse ne peuvent se
défendre ouvertement, ils ont recours au mimétisme, simu-
lant des idées anti-religieuses qu'ils n'ont pas. Ce sont
surtout les fonctionnaires qui doivent recourir à ce moyen,
sans quoi ils pourraient être révoqués, ou tout au moins dé-
placés, et en tout cas tout avancement leur serait refusé. C'est
la persécution par la famine qui les attend. Aussi ne s'en
font-ils pas faute. Ce ne sont pas des billets de confession
qu'on leur demande, ce sont, au contraire, des billets de non-
confession, l'accès de l'Eglise ne leur est permis qu'en cas
de funérailles d'un parent ; pour les leurs propres, ils ont dû
prendre des dispositions testamentaires pour n'y pas pénétrer, il est vrai qu'alors il n'existe plus de sanction possible
contre eux. Tout d'abord il y a résistance, mais un certain
nombre d'années après que l'anti-cléricalisme s'est con-
solidé, elle a disparu, et le mimétisme est complet. Il apparaît même sur ce point une surenchère dans les professions
de foi. Y a-t-il conversion à la croyance nouvelle ? Nous ne

le pensons pas; la contrainte extérieure s'accompagne d'une révolte intérieure, et nous estimons que les persécuteurs manquent leur but. Le mimétisme est parvenu à les tromper.

Il est vrai que pour le découvrir des moyens ont été employés qui peuvent faire pénétrer les secrètes pensées, ce moyen est la délation, complément indispensable des persécutions et qui doit empêcher le mimétisme. Mais, comme dans le règne de la nature, à mesure que le danger est plus pressant, le mimétisme devient plus prompt et plus exact, de même la délation a affaire non plus à un mimétisme superficiel, à un paramorphisme, mais à un mimétisme tellement profond qu'il semble qu'il y ait conversion complète, paramorphisme contracté sous l'influence ambiante et générale. Toutes manifestations adverses ont disparu. Le fonctionnaire dissident s'est complètement transformé dans sa coquille.

On voit que le mimétisme est successivement employé par tous les hommes religieux de diverses confessions et par les irréligieux pour échapper aux persécutions des adversaires.

Dans le domaine politico-économique, l'emploi du mimétisme n'est pas moins commun et nécessaire, car les persécutions y sont fortes encore. Lorsque la royauté absolue régnait, il existait sans doute déjà des républicains, car les exemples des Républiques antiques avaient suggestionné une foule de lettrés et de penseurs, mais ils n'exprimaient point leur opinion, même timide. Ils auraient été fort mal reçus, non seulement des princes, mais du public. Rousseau est le premier en France qui ait exprimé ses idées en toute franchise, aussi la Révolution française est issue de lui. Voltaire, anti-clérical, n'a en politique recherché que la compagnie des rois. Au commencement de cette Révolution, les plus avancés dissimulaient leurs principes sous ceux de la monarchie constitutionnelle. Plus tard, lors du premier Empire, l'idée républicaine qui avait dominé cependant pendant toute la Révolution avait totalement disparu, aussi nul républicain n'eut la velléité d'élever la voix. La conclusion était que les républicain n'existaient plus. Cela est impossible, mais en présence d'une foule hostile ils se cachaient. Il en fut de même pendant une partie de la Restauration et du Gouvernement de Juillet, et sauf la

protestation d'Hugo pendant presque la totalité du second
Empire, tous se dissimulaient par le mimétisme ; si l'on
avait soulevé ce voile, on en aurait découvert beaucoup, mais
les gouvernements avaient intérêt à ne pas le faire et les
intéressés encore plus, mais cela prouve combien le mimétisme régnait ; le fonctionnaire républicain, et surtout le
socialiste, se gardaient bien de se découvrir, non seulement ils auraient été destitués, les déportations du second
Empire le prouvaient bien, mais il eut été mal vu de tous,
traqué par l'opinion publique qui le classait presque, le
socialiste surtout, au rang des malfaiteurs.

Mais les revirements se produisent. Le mimétisme politique deviendra nécessaire, non plus pour se protéger
contre les rois, mais pour se protéger contre le peuple ou
ses politiciens, nous voyons alors le même effet se produire.
Il ne s'agit pas des époques de persécution intense, comme
en 1793, il n'y avait même plus de mimétisme possible
pour certaines personnes que leur nom désignait, pour les
autres il n'en était pas ainsi, ils simulaient des opinions
ultra-révolutionnaires et s'en sont servi très souvent, non
seulement pour se sauver eux-mêmes, mais pour sauver
des aristocrates. Il s'agit même des époques de simple
intolérance. Il y a des moments où il semble qu'il n'y a
plus en France un seul monarchiste, de même qu'en
d'autres, il n'existe plus un seul républicain. Ce résultat
n'est qu'apparent. Les monarchistes n'existent pas moins,
mais ayant perdu l'espoir de voir rétablir une monarchie,
ils ont pris une étiquette nouvelle, celle de conservateurs.
Mais ce qui est plus curieux, ils n'ont pas par mimétisme
pris seulement l'étiquette républicaine, ils ont pris aussi,
ce qui semble plus hardi, celle de socialiste.

Au moment de la proclamation de la troisième République, le socialisme était honni, les républicains les plus
absolus se défendaient de toute compromission avec lui, il
y avait un abîme à les séparer. Depuis, cet abîme a été
comblé, car il s'est même fondé un parti hybride pour re-
joindre les radicaux aux socialistes, qui a pris le nom de
radical-socialiste. Dès lors, le mouvement dans ce sens
s'est accentué, l'ancien opportuniste a disparu, le moins
c'est d'être radical, mais ce n'est guère, le socialisme tant
de fois repoussé annonce son intention de devenir le maître. L'étiquette républicaine ne suffit donc plus aux mo-

narchistes mimétisants, sans hésitation ils vont prendre, ils ont pris l'étiquette socialiste. Il s'agit du socialisme chrétien que depuis quelque temps déjà ils pratiquent. Ils ont fini par se faire illusion à eux-mêmes et parfois ils tiendront leur simulation pour réalité. En tout cas, en concours avec le socialisme démocratique, ils exercent vis-à-vis de lui la surenchère, se disant plus démocrates que les autres, et au lieu d'arrêter sur la pente, ils poussent à la roue. C'est le mimétisme le plus complet.

Quant aux fonctionnaires, nous avons vu comment ils se défendaient par un mimétisme absolu en matière religieuse ou anti-religieuse, ils doivent paraître anti-cléricaux, on n'en exige pas autant en matière politique spécialement. Cela a semblé inutile, en raison de la solidarisation qu'on a déclarée entre la religion et la politique.

Ce qui est surtout remarquable, c'est la sorte d'unanimité qui s'établit tout à coup dans un pays en cette matière. Il y a eu des époques en France, par exemple, sous le premier empire, où un monarchiste du droit divin, un républicain ou un socialiste eussent été introuvables, même en promettant la prime la plus élevée, il y en avait, en réalité, beaucoup, mais ils s'étaient tous tapis, ayant pris la couleur du sol, comme dans la zoologie ; sous le second empire, il n'y en avait guère ; sous la restauration, dans les premières années, pas un seul dissident parmi la Chambre introuvable, et maintenant personne ne s'intitule monarchiste, tous les fonctionnaires se disent démocrates et tous les chrétiens, socialistes à leur manière. De tels revirements, s'ils étaient sincères, seraient merveilleux. Ils n'existent que pour l'œil et proviennent d'un mimétisme général. Tous les animaux prennent ensemble la couleur du fond de la mer ou du sol, pour ne pas être aperçus.

Nous verrons, à propos du mimétisme scientifique, que cet effet se propage jusqu'au vocabulaire et au langage.

Il ne s'agit pas seulement d'ailleurs d'un grand parti, mais d'une simple nuance, ou même d'une coterie. La veille de la chute d'un ministère, il semble qu'il n'a aucun ennemi et qu'il vivra toujours. Tout à coup il tombe sur un incident. On croit que c'est le simple effet d'un hasard. Erreur ! Tous les esprits conspiraient contre lui, mais s'en cachaient, tant qu'il était debout.

Il en est de même en matière ethnique, laquelle touche

de si près, d'ailleurs, au domaine politique, puisqu'elle constitue la politique extérieure. Les deux grands courants sont celui du patriotisme qui peut aller jusqu'au chauvinisme et qui s'appuie sur le militarisme, et celui de l'internationalisme. Ils ont triomphé tour à tour. Le plus ancien est celui du chauvinisme. Il a été toujours celui des monarchistes, et fort longtemps d'une façon absolue celui des républicains. Suivant ceux-ci on ne répugnait pas à ce que le sang impur abreuvât les sillons, il est vrai que c'était pour la défense du sol national, mais ce fut ensuite pour l'attaque du sol étranger, sous Napoléon Ier et Napoléon III. L'état militaire était en honneur singulier, c'était celui qu'embrassait toute l'aristocratie. D'ailleurs tout étranger était considéré comme hétérogène, on voulait à peine voyager chez lui, on ne désirait pas apprendre sa langue. Celui qui aurait parlé alors de paix universelle, de fraternité des peuples, eût été mal venu, ou même celui qui aurait proposé un polyglottisme pratique. On affectait de ne pas savoir leur idiome, comme le noble autrefois de ne pas savoir signer, tant les esprits ignorants, de quelque classe qu'ils viennent, se ressemblent. Dans cette unanimité il n'y avait pas de contradicteur. On eut craint de paraître antipatriote, car alors un lock-out nous aurait atteint dans toutes les classes. Le peuple ne tenait pas moins à rester chair à canon, que l'aristocrate à le guider dans ce rôle. A plus forte raison, l'idée d'antimilitarisme n'aurait même pas pu éclore. Nous ne mentionnons pas l'éclat de patriotisme qui eut lieu chez nous à la suite des défaites de 1870, que les circonstances rendaient si naturel. Il ne pouvait y avoir de dissidences à ce sujet.

A d'autres époques c'est tout le contraire. Le patriote si vanté autrefois est traduit en haute Cour de justice, il est flétri par les adversaires du nom de nationaliste qui jadis eût été un éloge. Non seulement les idées se tournent vers la paix, ce qui est justice, mais elles s'abaissent souvent devant l'étranger. La faveur même lui appartient. L'étude universitaire des langues classiques, qui pour nous sont maternelles, cède devant l'étude de celles de nos voisins, surtout de ceux de race germanique, les voyages plus fréquents créent partout une entente quasi-cordiale, des essais de langues internationales viennent encore relier les peuples. Les académies s'ouvrent devant les savants étrangers autant et plus que devant les nôtres. L'antimilitarisme lui-même fait une entrée encore timide. Dans ce concert, qui osera élever une voix de contradiction? Beaucoup, dans l'armée surtout, tiennent encore pour les antipathies ethniques, le peuple les conserve, quoique temporaires, mais ceux qui pensent encore ainsi s'en cachent ou ne le disent qu'en famille. De même qu'il n'y avait qu'une rare voix pacifiste, il n'y a plus une seule voix franchement belliqueuse. C'est le résultat du mimétisme général. On craindrait d'être accusé d'anachronisme.

En matière éthique, il en est de même, ce qui se rattache un peu d'ailleurs au domaine religieux. Au temps où fut florissant l'impératif catégorique, il n'était pas permis d'en sortir, aussi nul n'en sortait, et les rares personnes qui le faisaient étaient considérées comme des criminels. Celles qui pensent que la moralité a un autre fondement se gardent bien de le proclamer, ils confondent avec soin leurs idées particulières dans les idées générales, c'est-à-dire dans la morale religieuse. Cela ne veut pas dire que leur morale soit toujours austère, mais elle l'est en apparence. Ce qui ne constitue point l'hypocrisie, car ils ne cherchent pas à en tirer profit, mais seulement à se défendre, mais cela y touche, car après avoir réussi dans l'un, on est incité à réussir dans l'autre. D'ailleurs, dans les classes supérieures, où cet impératif catégorique est arboré, on pratique encore le mimétisme d'une autre manière, on donne asile, impunité et mystère à ceux qui ont défailli. Dans une telle société, aucune immoralité ne s'affiche, et c'est là sans doute un mérite. Au criminel les peines sont sévères et, si elles ne l'étaient pas, l'opinion publique protesterait, les coupables eux-mêmes seraient étonnés. Plus tard l'impératif catégorique tombe, on ne peut plus en parler qu'avec une certaine ironie, on cherche à fonder une autre morale. Il faut dire que cette morale est un peu relâchée. C'est la morale sociale, toute de for extérieur. Le délit reste seul, succédant au péché, et le mot même de ce dernier devient un peu ridicule. Beaucoup de points qui étaient réprouvés, deviennent indifférents, quelques-uns sont même l'objet d'un secret éloge. Résultat remarquable, ces faiblesses humaines deviennent bien portées, il paraît singulier de n'y pas succomber quelquefois, non seulement pour le jeune homme, ce qui a été de tout temps dans les mœurs, mais même pour l'homme plus âgé. Ceux-mêmes que leur tempérament en éloigne, vont les simuler, pour ne pas sembler être ce qu'ils sont. Une certaine liberté de mœurs est à la mode ; loin de s'en cacher, on s'en fait un moyen d'élégance pour les uns, de popularité pour les autres. En ce qui concerne le point de vue pénal, tandis qu'autrefois les peines étaient très sévères, et que l'on considérait peu la personne du criminel, aujourd'hui elles se sont adoucies et descendent beaucoup au-dessous du minimum, nul n'oserait proposer celles qu'il jugerait adéquates, les victimes d'une escroquerie viennent retirer leurs plaintes, et parfois, comme dans une affaire récente, offrent des fleurs et encore de l'argent à celui qui les a dépouillés. On ne saurait être plus indulgent, et en présence de ce touchant concert, nul n'oserait se faire taxer de trop de sévérité. Ceux qui pensent que le mal est mal en lui-même taisent leur opinion, ils seraient accusés cette fois sans merci d'impératif catégorique. La science médicale accourt aussi pour confirmer l'opinion générale. Il n'est pas de coupable, qui, au moyen de l'ébriété, du déséquilibre ou de l'atavisme, ne puisse échapper et recommencer. Quand le médecin légiste n'aperçoit rien de tout cela jusqu'à la 30ᵉ génération, il conclut cependant à la responsabilité limitée. Comme dans la situation précédente, il n'y a pas de dissidence, le mimétisme éthique a tout recouvert.

Enfin le même phénomène se fait vivement sentir dans de tout autres domaines, en ceux de la science, des arts et de la littérature.

La science dans son évolution amène des résultats analogues à ceux qui se produisent pour la religion et l'éthique, car le tout est solidaire. Elle se tient longtemps à la remorque des idées religieuses, et c'est alors à peine si de temps à autre, un savant plus hardi, comme Galilée, ose y contredire. Il en est ainsi dans la période théologique, et en grande partie aussi dans la période métaphysique. Ce qui est remarquable et ce qui a été peu remarqué à cet égard, c'est le langage, cet écran sur lequel se reflètent les idées. Prenez un livre d'un des philosophes ou des savants du temps, vous y rencontrerez à chaque page, presque à chaque ligne, les mots d'âme, de Dieu, etc. et presque inévitablement à la préface une profession de foi spiritualiste. Personne n'osera l'omettre, et cela, instinctivement, pour se défendre contre les critiques. Plus tard, c'est tout le contraire, la terminologie est changée. Dans aucun de nos philosophes ou savants contemporains on ne trouve ces mots d'âme ou de Dieu, définitivement proscrits, et qu'Hugo et Lamartine, les poëtes, avaient conservés provisoirement, comme la poësie conserve tout ce qui est archaïque. Le langage scientifique y avait substitué d'abord avec Rousseau le nom vague de nature. Maintenant on parle seulement de mentalité, ce qui ne préjuge rien, ou de cérébration, ce qui préjuge ; quant au nom de Dieu, devenu d'abord la divinité, il a disparu et est presque introuvable. Ce qui est fort curieux, et ce qui forme un cas de mimétisme très caractérisé, c'est que ceux-mêmes qui croient à l'existence distincte d'une âme et à celle d'un Dieu se gardent bien d'employer ces mots dans leur langage, conservent le fond de leur doctrine, mais modifient celui-ci par mimétisme, craignant de paraître trop hétérogènes en ne le faisant pas.

L'art et la littérature suivent aussi de grands courants auxquels nul n'échappe. Au moment où ils s'établissent, il existe beaucoup de contradicteurs, puis le silence se fait, parce qu'il y a une conquête générale, et qu'alors beaucoup sans doute ont conservé une opinion contraire, mais n'osent plus l'exprimer, ils craignent d'être persécutés pour ce motif et de voir leurs œuvres critiquées, s'ils étaient taxés d'hétérogénéité. Il est curieux de noter quelques-uns de ces virements. En France, comme chacun sait, en littérature, le classique a longtemps régné seul, tous en suivaient rigoureusement les règles, quant au fond et quant à la forme, quant à celle-ci surtout. Ceux qui avaient les idées les plus hardies, devaient se conformer à ce canon ; ainsi elles pouvaient être agréées, autrement elles eussent été rejetées immédiatement. Lorsque le romantisme advint avec Châteaubriand et Victor Hugo, on se souvient à quelles luttes épiques il donna lieu, cette lutte dura fort longtemps, les esprits des universitaires restaient imbus des idées de la vieille école, mais à un moment la controverse cessa, c'est lorsqu'apparut pour la prose la doctrine des réalistes et naturalistes, et pour les vers celle des décadents qui bouleversèrent plus profondément les idées. A partir de ce moment, les classiques et les romantiques se réunirent contre leurs adversaires communs, et il n'y eut plus de classiques proprement dits. De même, en religion, catholiques et protestants sont prêts à se réunir contre les libres-penseurs. Il n'y a plus personne en France qui combatte le romantisme, on ne trouve plus de classiques purs, au moins en apparence, quoiqu'il y ait beaucoup d'esprits attardés qui se complaisent encore dans cette forme d'art, mais ils n'ont pu le dire, surtout s'ils sont auteurs eux-mêmes, on les accuserait de posticher les anciens. Ils n'osent même plus critiquer trop vivement les nouvelles transformations de l'art. Beaucoup blâmeront Zola, lui refusant le génie et même le talent, mais depuis qu'il est au Panthéon et lorsqu'il s'y sera définitivement casé, la critique se refroidira devant cette admission supérieure à celle de l'Académie.

Lorsque l'œuvre de Wagner fut conspuée sur le théâtre de Paris, je doute qu'il ait pu se trouver un seul spectateur d'opinion contraire qui eut osé protester, je pense même que beaucoup de dissidents ont dû siffler pour passer inaperçus, c'est encore là du mimétisme. Aujourd'hui, personne n'oserait apporter une note discordante dans son éloge enthousiaste.

À côté de ces mimétismes spéciaux, il existe un mimétisme général destiné à notre défense, aussi bien d'ailleurs à celle des autres et qui a pour but d'éviter toute agression. Le but en est louable, aussi bien qu'il est naturel. Il s'agit de la politesse, consistant non seulement dans certaines réticences de paroles, mais dans certains gestes, certaines attitudes. C'est là surtout qu'on imite les paroles de tous, l'attitude de tous, qu'on s'efforce d'être homogène, qu'on tait avec soin ses sentiments particuliers, pour s'en tenir au sentiment commun. Si l'on dévoilait davantage sa pensée, on s'exposerait à être attaqué, et même à attaquer sans le vouloir, ce qu'on évite. Mais si l'on craint d'être agressif, c'est par la peur d'être attaqué à son tour. Le mimétisme, tout entier, est donc ici défensif, en définitive. Cependant la politesse est en grande partie un mensonge, quoi que ce soit un mensonge utile. La poignée de mains, le baiser, sont souvent donnés avec répugnance. La vie mondaine est une dissimulation constante, une demi-hypocrisie, mais sans laquelle aucune société ne serait possible. Elle existe jusqu'en la famille, où souvent les liens ne sont qu'apparents. Mais alors elle devient plutôt mauvaise.

Il faut ranger encore dans ce mimétisme celui qui est

employé par des écrivains pour émettre des idées nouvelles, lesquelles, de peur de poursuites, se sont couverts d'un voile facétieux ou grivois, ou qui, pour combattre des personnages importants, les ont affublés de pseudonymes ; on dit que tel fut le cas de Rabelais. Dans l'histoire de l'antiquité, Brutus n'avait-il pas aussi simulé la folie ?

Tel est le second genre de paramorphisme, le mimétisme défensif, le mimétisme social proprement dit.

Il nous reste à en décrire un autre, le mimétisme offensif, déjà rencontré aussi dans la nature, dont le caractère était différent, et qui a pour but, non plus de se défendre, mais d'obtenir des avantages, souvent par une attaque ; en matière sociale, son nom est l'hypocrisie. Tandis que le précédent est presque toujours légitime, celui-ci est, au contraire, toujours coupable. D'ailleurs il a bien le caractère général du parhétérisme et surtout du parasitisme qui est d'obtenir, non d'un seul coup, comme le prédatisme, mais peu à peu et à de nombreuses reprises, les avantages convoités.

C'est en matière religieuse que l'hypocrisie a été le plus remarquée, et le plus souvent décrite. Pour beaucoup, elle n'existe que de la part des faux dévots. En réalité, elle se trouve dans la simulation de toutes idées et de toutes pratiques faisant croire à des sentiments qui n'existent pas, mais elle a été notée très tôt en cette matière, en raison de l'importance que la religion a eue avant toute autre institution. Aussi le Tartuffe en reste-t-il le type ineffaçable.

C'est qu'en effet, c'est l'hypocrisie religieuse qui a procuré et procure encore les plus grands avantages, aussi est-elle très cultivée. Ce sont des millions qu'elle peut recueillir d'un seul coup. Cela se conçoit, elle s'adresse le plus souvent aux riches ou aux gens bien placés qui ont des faveurs sociales à distribuer. D'autre part, les sentiments qui sont simulés sont des plus délicats, de for intérieur et de nature à toucher vivement ceux qui les partagent. Ajoutez que, même lorsque l'idée religieuse n'est pas triomphante, ou est persécutée, ceux qui y adhèrent tiennent d'autant plus à ceux qui semblent y adhérer et les comblent de leurs bienfaits. On ne peut donc trop décrire l'hypocrisie religieuse, car elle est toujours redoutable et elle est très fréquente dans le catholicisme.

Mais on n'a vu généralement l'hypocrisie que d'un seul côté, ce qui est très inexact; les autres religions et la libre-pensée ont aussi leurs hypocrites, cela n'est pas rare.

Le protestantisme, par exemple, a eu ses sectateurs zélés en apparence, qui ne l'étaient que pour obtenir des places rétribuées richement, surtout dans le clergé anglican. Les piétistes, certaines sectes, dans leurs démonstrations exagérées, ont même une hypocrisie collective. Mais l'hypocrisie est plus fréquente chez les libres-penseurs, lesquels ne le sont souvent que de nom, retournent à leur foi ancienne dans les circonstances solennelles de la vie, et simulent l'athéisme ou l'indifférence pour plaire à un parti où ils ont des chances de réussir. Beaucoup de fonctionnaires sont dans ce cas, pour avancer au détriment des autres, bien différents de ceux compris dans le mimétisme précédent qui n'agissent ainsi que pour se défendre, ceux-ci se servent de la délation et de moyens analogues. Il en est de même des candidats politiques dans leurs programmes.

Il y a donc deux hypocrisies religieuses, l'hypocrisie directe et l'hypocrisie contraire, la simulation de christianisme et la simulation d'athéisme.

Un fait bien connu fait ressortir cette dernière simulation. Dans beaucoup de ménages, le mari, homme public, fait, soit dans les réunions publiques, soit dans les assemblées, soit dans sa profession de foi, montre des opinions anti-religieuses les plus formelles ; sa femme, au contraire, professe une foi tantôt timide, tantôt même exaltée. Il la laisse faire par tolérance, ou l'approuve par convenance, on ne saurait dire lequel, mais une telle situation est suspecte, peut-être ni l'un ni l'autre n'est-il sincère ; en tout cas, l'un et l'autre recueillent le double bénéfice.

Le domaine politique touche de si près au domaine religieux, qu'on peut dire que les mêmes phénomènes s'y produisent. Seulement la simulation y est plus grande encore quand il s'agit des doctrines socialistes. De la part des gens du peuple, elles sont sincères, car leurs intérêts sont conformes, mais il n'en est pas de même de celle d'une personne des classes dirigeantes dont les intérêts sont contraires. Seulement elle s'en sert pour acquérir une popularité intense. Il y a alors une véritable hypocrisie, tout à fait fréquente. Si l'on n'ose aller jusqu'au bout, au moins, prend-on une dénomination très rapprochée de celle de socialiste.

Un des exemples les plus fréquents de mimétisme lucratif est celui qu'on peut observer dans la manière de conclure le mariage, surtout de la part du mari. Il doit y réunir plusieurs mimétisme dont l'ensemble le fait réussir et obtenir un bon mariage qui est la meilleure des professions. Il simule d'abord souvent des sentiments religieux, ce qui le fait bien venir des riches héritières ou de leurs parents. Il simule ensuite, est-il besoin de le dire, une apparence d'amour, d'admiration ou d'estime, mais cette nécessité s'efface de plus en plus. Il a en même temps beaucoup de choses à dissimuler : sa conduite dans le passé, dont il est vrai, on ne lui demande pas compte, ses dettes que souvent on devine, mais dont on ne soupçonne pas le chiffre, enfin sa situation d'avarié. C'est ainsi qu'on se présente et qu'on est admis ; autrement on ne le serait pas.

Faut-il croire que la femme, plus naïve, ne se rende pas coupable d'hypocrisie de son côté ? Elle aurait tort, aussi simule-t-elle et dissimule-t-elle, sans doute, mais cependant beaucoup moins, d'ailleurs ses parents s'en chargent pour elle. Souvent elle simule une dot, la célébration vient quittancer et son père aura ensuite au moins des atermoiements. Elle simule la beauté par mille artifices, mais le mari en est averti en bloc, et d'ailleurs, il y reste indifférent. Ne simule-t-elle pas aussi des goûts modestes, de la bonne éducation, auxquels le mari tient peut-être plus qu'elle-même, je n'oserais le dire.

On voit que la supercherie est réciproque. Pendant longtemps, celle du mari a été plus grande. Il y a là une hypocrisie véritable. Elle va peut-être encore plus loin et dure pendant le mariage à travers la vie mondaine, si l'on en croit les *Mensonges*, de Bourget, et d'ailleurs tous les romans français.

L'hypocrisie existe pour toute matière et dans toutes les sphères, nous n'avons voulu donner que des exemples. On pourrait en citer beaucoup d'autres.

Nous avons classé le mendiant parmi les parasites proprement dits qui vivent sans cesse sur autrui, sans en détruire la substance. Mais il y a des mendiants spéciaux, par exemple, celui qui simule des infirmités pour attirer la pitié. Il pratique à la fois le parasitisme et le mimétisme.

Il fait tort ainsi à l'infirme vrai qui a tant besoin de secours et il s'attire une faveur imméritée. Il en est de même de celui qui est dans l'aisance et qui simule la pauvreté.

Il en est de même d'une classe très nombreuse de gens, ceux qui font la baisse ou la hausse fictives sur les fonds publics ou les marchandises, on peut y joindre les trusts qui opèrent ainsi dans de plus vastes proportions. A la même catégorie appartiennent ceux qui font monter fictivement les enchères dans les adjudications.

Des criminels sont criminels par mimétisme. Un certain nombre de crimes et délits frappés par les codes sont des délits de mimétisme. On peut ranger ainsi, non le vol, même caché, lequel constitue une prédation, mais l'escroquerie, le faux en écriture et la fausse-monnaie, l'adultère caché, le complot, la trahison, la distribution de dividendes fictifs, la bigamie, parmi les actes flétris par l'opinion le mensonge, enfin la contrefaçon. De même, pour se mettre à l'abri, le criminel simule souvent la folie.

Tel est le mimétisme dans ses trois branches. Nous avons indiqué plus haut quels sont ses effets, ses dangers, ses quelques avantages. Ceux-ci vont en décroissant, l'imitation est fort utile, le mimétisme l'est encore, mais ses abus sont faciles et dangereux ; enfin l'hypocrisie est un des vices les plus redoutables et les plus bas. Cette classe renferme donc des plantes utiles et des plantes vénéneuses avec tous les degrés intermédiaires. Cependant son aspect est généralement suspect, beaucoup plus dans la société que dans la nature. Ajoutons que dans celle-ci il avait été sérieusement étudié ; il l'avait été jusqu'à présent à peine dans la sphère sociale où il a des phénomènes nombreux.

Le parasitisme, le paradynamisme et le paramorphisme forment les trois branches du parasitisme *lato sensu* ou parhétérisme, objet de notre étude dont nous avions exclu les faits voisins : mutuellisme et commensalisme, comme secondaires et n'étant qu'une modification des premiers.

Mais au delà se trouvent aux deux extrémités plus éloignées : l'association et la symbiose. Comme leur importance est grande, qu'elles se relient à ce qui précède, et qu'elles se retrouvent dans la société comme dans la nature, nous en dirons quelques mots, à titre d'appendice.

Appendice

Très analogues dans un sens aux unions entre plusieurs individus où l'un est, pour ainsi dire, inférieur ou accessoire à l'autre, mais où il y a entre eux une solidarité reconnaissable, sont celles où cette solidarité existe, mais où les deux êtres sont égaux l'un à l'autre, et jouent chacun un rôle identique. Aussi devons-nous présenter leurs traits principaux, pour en faire ressortir les ressemblances et les différences essentielles.

Elles sont au nombre de deux : l'association et la symbiose.

L'association se produit chez les animaux et chez les hommes, elle existe même rudimentairement chez les autres êtres de la nature, les végétaux, les minéraux, et dans le monde sidéral où les astres gravitent par groupes. Elle a lieu non seulement entre êtres différents, mais aussi entre les divers éléments qui constituent le même être anatomiquement, et entre les divers organes. Son règne est universel. En ce qui concerne l'humanité, on sait quel est son rôle immense. Tantôt sous le nom de société elle groupe les capitaux et a la force que l'on connaît ; tantôt sous celui d'associations, de syndicats, d'unions de toutes sortes, elle réunit les mentalités.

C'est son application dans le monde de la nature qui est curieuse et moins connue. De même que la vie a été longtemps refusée aux minéraux et la sensibilité aux animaux, attributs que tout le monde leur accorde aujourd'hui, de même les associations chimiques et physiques, même cosmiques suivant certaines lois, ont à leur tour été découvertes, mais nous ne nous occupons ici que de l'application de ces phénomènes dans l'humanité où ils sont patents. Ce n'est donc pas sur ceux-là que nous voulons arrêter notre attention.

Constatons seulement que les sociétés humaines ont pour caractères spéciaux : 1° d'être le plus souvent pleinement volontaires ; 2° d'être résolubles par la volonté ; 3° d'avoir lieu dans un seul but, tantôt l'un, tantôt l'autre, et de mettre en commun tel ou tel genre d'activité, tantôt l'un, tantôt l'autre aussi, et enfin de mettre en commun une fraction du patrimoine individuel, rarement le tout. Il en est de même des sociétés proprement dites animales. celle des castors vise la construction, celle de certains oiseaux les migrations, celle de plusieurs quadrupèdes la défense commune ; au delà chacun redevient libre. Dans tous les cas les personnes physiques des associés ne se confondent jamais ; elles prennent chacune leur nourriture propre, souvent ont une famille distincte, et se séparent à leur gré.

Il est d'autres unions dans la nature et la société où l'on remarque précisément tout le contraire.

Dans la nature c'est le phénomène de la symbiose. Il y a alors fusion entre les organismes. Certains animaux se réunissent en colonies, de manière à ce qu'ils aient une tige commune et un seul tube digestif qui sert à tous, les autres organes de chacun des êtres composants restant plus ou moins distincts ; chacun ne peut plus se séparer de l'agrégat, ils vivront désormais toute leur vie ensemble, après avoir eu auparavant leur existence séparée. Tel est le cas des coraux. Cette symbiose peut avoir lieu entre animaux de la même espèce ou d'espèces différentes, ou même entre un végétal et un animal, par exemple, entre certaines hydres et certaines algues ; au bout de quelques jours, par exemple, dans l'évolution de quelques myxomycètes. Les amibes s'en vont à la rencontre les uns des autres, se fusionnent en perdant leur membrane d'enveloppe, et forment une plasmodie, une colonie véritable. De même des hydres vivent en symbiose avec des algues vertes, des zoochlorelles qui ne se trouvent jamais ailleurs et qui, chose curieuse, se transmettent de génération en génération dans le corps de l'hydre par l'intermédiaire des œufs ; ils se rendent des services réciproques ; il a été constaté que séparés, l'un et l'autre mourraient. De même certains infusoires vivent en symbiose avec des zoochlorelles ; chez le Stentor, cette symbiose est héréditaire, l'alimentation est commune ; au contraire, chez un spongiaire, le *spongilla fluviatilis*, la symbiose ne se transmet pas par les œufs, mais doit se renouveler à chaque fois.

La symbiose entre les plantes et les animaux est rare, mais celle entre animaux est fréquente.

Un phénomène du même genre, mais dont l'analogie n'a pas été remarquée, s'est produit souvent dans l'histoire des sociétés humaines. Ordinairement, l'union y a revêtu les formes ci-dessus citées. Chaque individu a une vie séparée, il met seulement en société certains de ses biens, ou son travail partiel ou entier, mais en réservant le surplus de son activité ou de son patrimoine ; il peut d'ailleurs se retirer à tout moment ; le plus souvent cette collaboration n'entraîne pas la cohabitation, il conserve, en outre, une famille exclusive.

Mais il n'en est pas toujours de même. Une de ces sociétés ressemble singulièrement à une symbiose, c'est celle des communautés religieuses. On sait que celles-ci ne sont pas seulement un organisme du christianisme, mais appartiennent aussi à d'autres religions, c'est donc un phénomène religieux général, mais cependant restant limité et exceptionnel, elles sont, en effet, en marge des grandes sociétés religieuses qu'on appelle des églises. Tandis, d'ailleurs, que dès sa naissance on appartient à ces églises par une initiation volontaire ou non, qui porte, par exemple, le nom de baptême, on n'accède à la communauté que plus tard par sa volonté, après une période religieuse isolée. Mais une fois entré, on n'a plus le droit d'en sortir, on est tenu par des vœux perpétuels. Enfin l'habitat devient commun.

On voit que ces traits ressemblent singulièrement à ceux de la symbiose. Le cohabitat en est l'un des plus tangibles. Comme dans la symbiose, l'individu vit d'abord souvent détaché, non seulement comme simple fidèle, mais même comme ascète. L'ascète primitif, en effet, c'est l'anachorète vivant seul dans le désert, il est loin de former une société, c'est tout le contraire. Mais plus tard, plusieurs ascètes se sont réunis pour avoir une vie commune, comme les coralliaires d'abord flottants.

Mais la similitude est plus complète par les trois vœux traditionnels de pauvreté, d'obéissance et de chasteté. Voici cette fois la tige commune. Les membres de l'ordre ne possèdent plus rien privativement, ils ont abdiqué leur volonté, et par la chasteté ils ont détruit les obstacles ; la fusion est donc complète. La chasteté a, en effet, ce motif qu'elle résout une question difficile de symbiose. Si le moine se fondait une famille, il aurait par là d'un côté une existence en dehors. C'est là, nous le verrons, une des grandes difficultés du collectivisme, aussi les sectes qui dans l'histoire ont prêché la communauté des biens ont-elles prêché souvent la communauté des femmes. Elles ont été repoussées pour leur immoralité. Les religions ont résolu ce problème par l'abstention génétique, le célibat, au risque de blesser la nature d'une autre manière.

Telle est la symbiose monacale. Il en existe une autre dans la société collectiviste. Seulement, tandis que le monachisme fournit de nombreux exemplaires, le collectivisme n'en a que peu dans le passé. C'est une doctrine qui revendique l'avenir, et dont par conséquent les doctrines seules peuvent être discutées. Il étend à l'infini et pour toute une nation la symbiose cénobitique. L'État a pour tous un tube digestif unique, sauf à répartir la nutrition entre tous ses membres. Il les dispense, comme l'autre, de tous les soucis de la vie matérielle, bien entendu, après qu'ils ont fourni leur quote-part de travail. Un seul obstacle l'arrête, l'existence antagoniste de la famille, il faut qu'il en triomphe, mais il ne peut le faire par le même moyen que le cénobitisme, par le célibat obligatoire ; par ailleurs, il tient les citoyens par des vœux d'obéissance et de pauvreté perpétuels. Quant à l'obstacle autonomique de la famille, il ne peut le résoudre qu'indirectement au moyen de l'enseignement monopolisé par l'État à ses frais dans la sphère intellectuelle, et par la suppression ou la forte réduction du droit successoral dans celle matérielle.

On voit, ce que nous avons dit en commençant, combien la nature et la société se ressemblent, et comment les deux extrêmes, la société et la symbiose de la seconde reflètent fidèlement celles de la première.

Le même synchronisme existe en ce qui concerne les trois branches du parhétérisme, à savoir : le parasitisme, le paradynamisme et le paramorphisme ou mimétisme. Tout ce qui est dans la société était auparavant dans la nature.

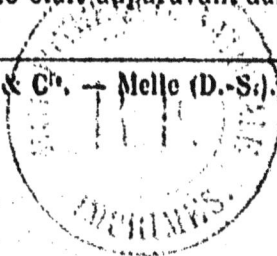

Imprimerie Goussard & Cⁱᵉ. — Melle (D.-S.).

Contraste insuffisant

NF Z 43-120-14

www.ingramcontent.com/pod-product-compliance
Lightning Source LLC
Chambersburg PA
CBHW070905280326
41934CB00008B/1585